MELHORES
POEMAS

Sousândrade

Direção
EDLA VAN STEEN

MELHORES
POEMAS

Sousândrade

Seleção e Notas
ADRIANO ESPÍNOLA

São Paulo
2008

© Global Editora, 2008
1ª EDIÇÃO, GLOBAL EDITORA, SÃO PAULO 2008

Diretor Editorial
JEFFERSON L. ALVES

Gerente de Produção
FLÁVIO SAMUEL

Coordenadora Editoriais
ANA PAULA RIBEIRO

Assistentes Editoriais
JOÃO REYNALDO DE PAIVA
LUCAS PUNTEL CARRASCO

Revisão
AGNALDO ALVES
ANA LUCIA S. DOS SANTOS

Projeto de Capa
EDUARDO OKUNO

Editoração Eletrônica
ANTONIO SILVIO LOPES

Dados Internacionais de Catalogação na Publicação (CIP)
(Câmara Brasileira do Livro, SP, Brasil)

Melhores poemas Sousândrade / seleção e notas Adriano Espínola. – São Paulo : Global, 2008. – (Coleção Melhores Poemas / direção Edla van Steen)

Bibliografia.
ISBN 978-85-260-1327-8

1. Poesia brasileira 2. Sousândrade, 1833-1902
I. Espínola, Adriano. II. Steen, Edla van. III. Série.

08-09533   CDD–869.91

Índices para catálogo sistemático:
1. Poesia : Literatura brasileira   869.91

Direitos Reservados

**GLOBAL EDITORA E
DISTRIBUIDORA LTDA.**

Rua Pirapitingui, 111 – Liberdade
CEP 01508-020 – São Paulo – SP
Tel.: 11 3277-7999 – Fax: 11 3277-8141
e-mail: global@globaleditora.com.br
www.globaleditora.com.br

Colabore com a produção científica e cultural.
Proibida a reprodução total ou parcial desta obra
sem a autorização dos editores.

Nº DE CATÁLOGO: **2849**

Adriano Espínola nasceu em Fortaleza, Ceará, em 1952. Doutor em Letras, professor associado de Literatura Brasileira da Universidade Federal do Ceará. Foi professor de Cultura e Literatura Brasileiras na Université Grenoble III, em Grenoble, França (1989-1991), e professor visitante de Teoria Literária na Universidade Federal do Rio de Janeiro (2003-2007). Poeta (*Em trânsito: Táxi/Metrô*; *Beira-Sol*; *Fala, favela*; *O lote clandestino*; *Praia provisória*) e ensaísta (*As artes de enganar: um estudo das máscaras poéticas e biográficas de Gregório de Mattos*), com todos os seus livros lançados pela Topbooks (RJ). Publicou resenhas e ensaios nos principais cadernos literários e revistas especializadas do país, além de prefácios para livros de autores contemporâneos. Como escritor convidado, participou, entre outros eventos, do Festival Internacional de Poesia do Mundo Latino, em Bucareste (1997), do 18º Salão do Livro, em Paris (1998), e do Congresso de Escritores Brasil-Portugal, no Porto (2000). Está presente em várias antologias nacionais e internacionais de poesia.

O IRISADO SOUSÂNDRADE[1]

I – Introdução

"De qual natureza/ É o Guesa?...", pergunta um breve e enigmático personagem, *Old Pará Pond* (O Velho da Lagoa Pará), a certa altura do Canto X do mais famoso poema de Sousândrade, *O Guesa*. Para falar sobre o escritor e a sua obra, talvez seja um bom ponto de partida tentar responder a essa indagação, se entendermos que se refere tanto à natureza do personagem mítico quanto à vida do autor, bem como à estrutura do próprio poema *O Guesa*. Não nos esqueçamos, entretanto, de que o próprio narrador nos dá uma intrigante resposta, no contexto da seguinte estrofe, no episódio conhecido por "O inferno de Wall Street":

(*Old Pará Pond* zeloso da sua sapucaia; a Voz:)

---

[1] Este trabalho não teria sido possível sem a colaboração decisiva de alguns amigos e pesquisadores que me enviaram material sobre Sousândrade, deram sugestões valiosas ou me ajudaram na tradução e elucidação de algumas passagens. Agradeço (em ordem alfabética) a: Antônio Carlos Secchin, Charles A. Perrone, Jomar Moraes, José Mario Pereira, Salgado Maranhão e, *last but not least*, a Sânzio de Azevedo.

– Borracha... tanto! Alma-cachaça...
Tanto! Tanto... cada mulher!
De qual natureza
É o Guesa?...
= Deu mais à 'Brief' que Webstér!...

Para Augusto e Haroldo de Campos (2002, p. 57-8), a réplica violentamente elíptica ("= Deu mais à 'Brief' que Webstér!...") estaria indicando o estilo antirretórico do escritor – sintético, conciso ("brief", em inglês) –, por oposição ao caráter enciclopédico do dicionarista Webster, que havia publicado, em 1828, o seu famoso *The American Dictionary*.

Mas deixemos de lado, por ora, as questões estilísticas. Neste trabalho, descreveremos, em primeiro lugar, o personagem mítico que, ao longo do texto, funciona como *alter ego* do autor, a sua máscara romântica. Depois, buscaremos analisar a narrativa do poema *O Guesa*, ao lado de aspectos outros que nos ajudarão a compreender melhor a poesia e um pouco da "alma-cachaça" deste tão polêmico quanto surpreendente escritor. A sua atribulada existência, entretecida de numerosas viagens, reais e imaginárias, será comentada na parte final do livro.

Tentaremos, desse modo, responder à indagação do Velho da Lagoa Pará. Resposta que sabemos necessariamente provisória, em decorrência dos limites deste ensaio e do conhecimento atual que dispomos a respeito do poeta maranhense e de sua obra.

II – O mito do Guesa

Trata-se de uma narrativa pertencente aos índios muíscas da Colômbia, recolhida pelo naturalista Alexander Humboldt – que esteve nas regiões amazônica e andina, entre 1799 e 1804 –, e publicou o relato, em francês, em um dos volumes do seu *Vista das cordilheiras e monumentos dos povos indígenas da América*, de 1810-1813 (cf.: Campos, 2002, p. 538).
Outro pesquisador que divulgou na Europa a narrativa foi o "sábio numismata" C. Famin, como a ele se refere Ferdinand Denis. Famin se baseou, no entanto, nas pesquisas do mesmo Humboldt, escrevendo sobre o Guesa para a enciclopédia *O Universo*, em 1837, na parte referente à Colômbia e às Guianas.
Impressionado com o mito, Sousândrade transcreve, como epígrafe ao seu poema, os dois textos. Ambos relatam que o Guesa era um menino que fora retirado à força da casa dos pais e que nascera na mesma região donde viera Bochica, símbolo do sol, quando este aparece pela primeira vez aos muíscas. A criança passa a ser educada com muito cuidado no templo do sol até a idade de 10 anos, quando sai para trilhar os mesmos caminhos de Bochica. A peregrinação finda aos 15 anos. Conduzido o rapaz a uma praça circular, é então amarrado a uma coluna e morto a flechadas; seu coração, oferecido ao Rei Sol, Bochica, e o sangue recolhido em vasos sagrados.
A partir do sacrifício do Guesa, abre-se um novo ciclo de 185 luas, ou seja, de 15 anos, e assim sucessivamente. É possível que Sousândrade também soubesse, via Humboldt, que a palavra "guesa", no idio-

ma muísca, significa "sem casa", isto é, o desterrado, o errante órfão.[2]

III – Sou(sândrade) o Guesa

Podemos imaginar que o escritor maranhense se identificou de imediato com tal personagem, a partir do próprio sentido da palavra "guesa". A sua história pessoal parecia coincidir com a do indígena lendário. Ambos órfãos, errantes e condenados à morte sacrificial. No caso do poeta, condenado à solidão, à humilhação social e à "morte" literária, que duraria mais de 50 anos, prevista pelo próprio escritor: "Ouvi dizer já por duas vezes que o *Guesa errante* será lido cinquenta anos depois; entristeci – decepção de quem escreve cinquenta anos antes" (cf.: Williams & Moraes, 2003, p. 489).

Certamente sonhou com um renascimento/reconhecimento literário futuro, em um outro ciclo de tempo, tal qual o mito, como podemos entrever nestes versos do Canto IX, em que lamenta as perdas e injustiças sofridas:

> Longe vivi, porque eles me negaram
> O lugar, que era meu e que não tive;
> Solitário vivi, porque arruinaram
> Meu lar, meu Deus, e o amor que neles vive.

---

[2] As quatro edições parceladas do poema (a primeira, em São Luís, em 1868, inserta no volume *Impressos*, e as demais, em Nova York) tinham por título *Guesa errante*. Na edição definitiva, em Londres, em 1887, foi alterado simplesmente para *O Guesa*. É provável que aqui o poeta se tenha dado conta da redundância do adjetivo, eliminando-o.

E sofro – não co'a perda, a deslealdade
Desses mundanos bens; mas porque quando
A justiça vier, tardia, que há de
Julgar a eles e a mim, todos olhando

Talvez já não 'starão. Além da Serra,
É nos seios azuis da natureza,
Sem amigo e sem pátria sobre a terra,
Que irá na glória descansar o Guesa.

(Op. cit., p. 173-4)

Essa "justiça tardia", reclamada pelo escritor, só ocorreria cerca de 77 anos depois da edição definitiva do *Guesa*, com a publicação do livro dos irmãos Campos, *ReVisão de Sousândrade*, em 1964. Na obra, os autores promovem uma vigorosa e impactante "revisão de um processo de olvido" e reinserem o poeta, pela primeira vez, no percurso da lírica e da épica românticas brasileiras e mesmo ocidentais, já como precursor do modernismo e das vanguardas literárias do século XX. Outros importantes trabalhos biográficos e de interpretação da obra do maranhense, que antecederam ou se seguiram à *ReVisão* dos Campos – notadamente os livros de Jomar Moraes, Franklin Williams, Luiza Lobo e os ensaios de Fausto Cunha e Luiz Costa Lima –, reabilitaram em definitivo o solitário poeta-guesa do Maranhão, que pode, agora, "na glória descansar".

Mas voltemos a falar da identificação entre o mito indígena e o escritor romântico. Ela ocorre praticamente no poema inteiro. Já no Canto I, o poeta o vê "tinto de coral o rosto,/ em doce encarnação".

Adiante, afirma que "nossa alma é dupla sobre o isolamento"; no último Canto, travestido ainda da máscara do Guesa, "recolhe-se ao lar" e recorda, saudoso, "os tempos formosos da Vitória!". Cansado, verifica que "Estava posto o sol. Também findara/ Das mudanças paixões, do Guesa a idade" e que "por fim se acolhe o peregrino".

Luiza Lobo (op. cit., p. 79) observa que a mistura das vozes do poeta e do personagem, no plano da enunciação, possibilita a presença de dois narradores, neste longo e complexo poema: "por um lado, a *voz épica*, ou histórica, exterior, descritiva, em terceira pessoa do singular; e, por outro, a *voz do personagem*, em primeira pessoa do singular, com ponto de vista pessoal".

Através da *persona* do Guesa, o poeta está, desse modo, quase sempre a falar de si mesmo nas suas evocações e deslocamentos, seja na primeira ou na terceira pessoa, a exemplo da seguinte passagem, onde recorda a infância, na Fazenda Vitória dos pais, a desaparição daquele mundo e o drama familiar, por conta das "serpentes" (tutores e magistrados), que não lhe souberam conservar a herança:

> Jerusalém das selvas, ó Vitória,
> Onde ao colo do amor crescera o Guesa,
> E donde, a não ser este que inda a história
> Vem narrar; a não ser a natureza
>
> Formosa do equador; e os finos silvos
> Que as ruínas repassam, das serpentes
> Nas salas passeando, sós os vivos
> Sucessores dos mortos, se os presentes

Ai! Não souberam conservar a herança.
[...]
Tudo aqui vejo a desaparecer!

(Canto V, p. 117-8)

Além da identificação pessoal com o mito – a orfandade, a peregrinação, "a imaginação divina" (imagem com que abre o poema) e a idéia de que ambos se encontram destinados ao sacrifício –, a máscara do Guesa serviu também para refrear o eu emocionalmente hipertrofiado da segunda geração (ultra) romântica, centrado tanto no lirismo adolescente, amorosamente amedrontado de Casimiro de Abreu (*As primaveras*) e de Álvares de Azevedo (*Lira dos vinte anos*), quanto na verbosidade farfalhante de um Gonçalves de Magalhães (*Confederação dos Tamoios*) ou de um Araújo Porto-Alegre (*Colombo*), por exemplo.

No prefácio ao *Guesa errante*, edição de 1876, em Nova York, o autor opta pelo enxugamento racional e imagético. Por isso, diria que adotou "o verso que menos canta [...]; o verso que mais separa-se dos esplendores de luz e música, mas que pela severidade sua dá ao pensamento maior energia e concisão, deixando o poeta na plenitude intelectual" (cf.: Williams & Moraes, op. cit., p. 484).

IV – *O Guesa*: narrativa e modernidade

A esta altura, podemos já falar do poema *O Guesa*, respondendo parcialmente à indagação feita de início ("De que natureza/ É o Guesa?...").

Trata-se de uma narrativa predominantemente romântica[3], baseada nas viagens empreendidas por um protagonista mítico, cuja voz épica se alterna com a voz lírica do poeta, através de diversos países e regiões, notadamente das Américas do Norte, Central e do Sul. (Há uma referência, meio de raspão, à África, no Canto VII – que se interrompe logo na terceira página –, em que o poeta diz que "cantou na Senegâmbia", ouviu a voz do leão e conheceu "o amor da boa serva, serva-amante [...]/ negra flor dos vales do Levante"; refere-se, ainda, brevemente ao Saara, a Serra Leoa e a Dacar.)

Com ampla representação da natureza, da sociedade e do maravilhoso pagão e cristão, busca, como toda épica romântica, um maior conhecimento do mundo e de si, nos múltiplos episódios que presencia, evoca, imagina, medita ou deles participa.

É preciso lembrar que a eclosão da poesia romântica, na Europa, durante a primeira metade do século XIX, no contexto da sociedade liberal-burguesa, possibilitou o cultivo da individualidade subjetiva e das "paixões essenciais do coração" (Wordsworth), ao lado da criação de episódios fantasiosos, sobrena-

---

[3] Luiza Lobo (op. cit., p. 72) afirma que o estilo de *O Guesa* é "romântico, simbolista e complexo". Por "complexo" devemos entender a mescla estilística que vai, no poema, do barroquismo (cultismo lexical e sintático, metaforizações absolutas, interpolações idiomáticas, antíteses etc.) ao vanguardismo modernista (imagismo fanopéico poundiano, recursos visuais-tipográficos), passando pelo realismo crítico-irônico das estrofes em fragmento que compõem os episódios conhecidos por "Tatuturema" (Canto II) e "O inferno de Wall Street" (Canto X), bem como pela musicalidade obtida em certas passagens, neologismos e palavras-valises de traços simbolistas.

turais e/ou imaginativos, na linha de Coleridge. Por outro lado, poetas houve que desenvolveram uma visão cósmica, totalizante da realidade, de tendência quase mística (divinização da natureza, panteísmo) quando não política, em uma sociedade em pleno processo de transformação urbano-industrial e econômica. Daí a redescoberta de mitos fundadores e da busca filosófica do sentido do mundo.

No primeiro caso, temos o desenvolvimento da lírica egóica ou psicofânica (expressões da alma), carregada, não raro, de dramas individuais, existenciais e amorosos; no segundo, a construção de poemas ou de narrativas lírico-épicas fundadoras, em busca das origens, dos significados ocultos da natureza e/ou da história, ao mesmo tempo que anunciadoras de ideais políticos e sociais. O poeta, aqui, mais que antena da raça, se torna demiurgo, um criador de mundos. Um homem excepcional que, com a sua palavra e influência civilizadoras, esboçaria o futuro e elevaria os acontecimentos políticos à dignidade de fatos históricos, como queria o titânico Victor Hugo.

A exemplo do personagem órfão e itinerante do poema *Childe Harold*, de Lord Byron, que empunha a bandeira republicana por toda a Europa, *O Guesa* do nosso Sousândrade, ressalvadas as diferenças, surge também com essa ambição mítico-civilizadora, fundindo lirismo biográfico e drama coletivo, raízes incaicas e aspirações republicanas, formas tradicionais e formas inventivas, o passado dos povos pré-colombianos e o presente da civilização urbano-industrial americana, natureza e cultura, ruínas e esperanças no porvir ("E, futuro, ao futuro ele corria")...

Na edição londrina, *O Guesa* reúne 13 Cantos; alguns deles inacabados (os de número VII, XII e XIII; somente o Canto XII teve continuidade, sob o título de "O Guesa, o Zac", nas edições de 22, 24 e 29 de março de 1902, no jornal *O Federalista*, em São Luís, localizadas por Jomar Moraes). Na impossibilidade de pormenorizar os temas e subtemas de todos eles, destacaremos aqui os Cantos I, II, X e XIII, pela sua importância no plano da narrativa e também pelos avançados procedimentos estilísticos.

O Canto I se inicia com uma cinematográfica descrição dos Andes, vistos de cima ("Circundados de gelos, mudos, alvos"). O poeta relembra a dominação dos povos incas pelos "fanfarrões de Espanha", introduz o personagem lendário e a si mesmo, fala dos "primeiros amantes no paraíso", da beleza da "brasileira esquiva" e da sua "rival" (a mulher branca); expõe os sentimentos e a perplexidade do Guesa naquele cenário ("Eu que sou? Quem era?") e relembra a visita ao Imperador D. Pedro II; por último faz "vibrar as harpas da meditação" sobre o seu destino.

No canto seguinte, a floresta amazônica é apresentada de forma exuberante, onde os troncos das árvores formam uma "sinfonia elástica"; o narrador critica a atuação dos missionários cristãos e denuncia o egoísmo, a indiferença dos colonizadores e a desgraça do "povo infante [...] nos quadros do Amazonas"; descreve, então, as danças dos indígenas com os seus cantares, no episódio conhecido por "Tatuturema". Aqui, o poema muda totalmente de tom e de forma, ao utilizar em grande parte estrofes de cinco versos (os três primeiros e o quinto de seis sílabas e o quarto de

duas, com esquema de rimas em *abccb*)⁴. Com várias vozes dramáticas, o autor introduz surpreendente quadro irônico-crítico, em alguns momentos cômico, em relação à justiça, ao clero e à nobreza. Trata-se da "dissolução do inferno em movimento", onde já podemos observar uma série de procedimentos antecipadores da modernidade poética do século XX.
O Canto X retrata o poeta em Nova York. São mencionados os presidentes dos EUA, George Washington e Lincoln, a revolução norte-americana, a Guerra da Secessão, lugares, episódios e personagens daquele país. Nesse Canto, o mais importante é a segunda descida ao inferno do personagem, no episódio denominado "O inferno de Wall Street" (título dado pelos irmãos Campos). Todo ele composto por fragmentos estróficos semelhantes aos *limericks*, já usados no "Tatuturema", descreve, narra e/ou comenta, por meio da fala de vários personagens, episódios da vida norte-americana e sobretudo o universo financeiro-industrial da Bolsa de Valores de Nova York. A modernidade de Sousândrade aqui se manifesta de forma contundente, quer pela ousadia formal, quer pela ironia crítica, quer pelo enigmatismo alegórico de muitas passagens.

---

4   De acordo com Augusto e Haroldo de Campos (op. cit., p. 51-2), esse tipo de composição usado pelo poeta seria proveniente do *limerick* inglês, de extração popular e oral que trata de temas cômicos, indecentes, infantis ou charadísticos. Luiza Lobo (op. cit., p. 151-3) endossa a hipótese. Edward Lear, no livro *The complete nonsense book*, de 1846, na Inglaterra, compendiou e difundiu bastante o *limerick*. Provavelmente, quando Sousândrade esteve naquele país, entre 1855 e 1856, tomou conhecimento dessa forma poética através do livro de Lear.

No Canto Epílogo ou XIII, o escritor começa por afirmar que o coração do Guesa se acha enfermo, "de tanto amar e adeus saudoso". Mas é curado graças à intervenção de "Chaska-albor", a estrela da manhã. Longa meditação sobre sua vida itinerante e o amor "olhando inteligente" o passado e as coisas. O Guesa, filho do Sol, é comparado a Jesus, filho de Deus. Lembrança das mulheres amadas, sobretudo da atriz Lala. Retorno à ilha de São Luís, depois de "findar a idade das mundanas paixões do Guesa". Recordação dos dias felizes da Vitória.

O derradeiro verso nos fala que "Íris [na mitologia grega, a deusa do arco-íris e mensageira dos deuses, principalmente Hera] por entre montes se derrama" (p. 350). Esse verso se refere à cachoeira de Tequendama, em Bogotá, com seu salto de 145 metros de altitude, aberta que foi pelo mítico Bochica, o deus solar, a quem o coração do Guesa foi ofertado. Tal verso acaba por enlaçar o primeiro, do Canto I: "Eia, imaginação divina! Os Andes", fechando o poema nas alturas.

Percebe-se, assim, que a poesia de Sousândrade – helenista de formação e de vivência transamericana – se estende de uma ponta a outra do poema, juntando em um só arco irisado os deuses de Homero e da América, o Guesa e a Grécia, em "espetac'los grandes".

V – O homem e a obra: pedradas e afagos

É preciso que se diga que Sousândrade não foi autor de um livro só, *O Guesa*. O destaque aqui dado ao poema resulta do fato de que se trata, sem dúvida, da sua obra máxima e a que maior repercussão obteve junto aos leitores especializados até hoje. Escreveu, ainda, *Harpas selvagens* (1857), *Eólias* (1874) e *Novo Éden* (1893), ao lado dos póstumos, *Harpa de ouro* (1969) e *Liras perdidas* (1970). A recepção, contudo, da obra principal sempre foi controversa. Já falamos que, desde pequeno, o poeta, órfão, sofreu devido ao isolamento e à malversação da herança por parte de tutores mal-intencionados. Na velhice, tornou-se alvo de mofa, quando não de pedradas dos moleques... e dos críticos, estes em relação principalmente a *O Guesa*. A sua pessoa excêntrica somava-se à impressão de uma obra igualmente estranha, labiríntica, de difícil compreensão.

Um dos primeiros críticos a apontar-lhe obscuridades e irregularidades, ao lado de "algum verso, alguma estrofe excelente" foi Sílvio Romero, na sua *História da literatura brasileira* (1888, v. 2). José Veríssimo, por seu turno, colocaria Sousândrade no mesmo saco dos simbolistas cultores da "forma estéril e manca de esnobismo".

Mas quem elogiou para valer o trabalho do escritor, vinculando-o aos experimentalismos literários do século XX, foi Fausto Cunha, em ensaio publicado, pela primeira vez, em 1956. Sem deixar de mencionar os desnivelamentos do poeta ("Descamba dos versos mais belos, das soluções geniais, para versos grosseiros e soluções elementares"), destacaria com entusiasmo a "posição poética extremamente avançada para a sua época", pois "tentou a poesia universal, dentro de moldes universais. Foi mais além: subverteu a ortografia, a sintaxe, a semântica [...], antecipando-se à lição de Ezra Pound e de Joyce", fazendo que se situasse "na vanguarda da mais exigente técnica poundiana" (in: Coutinho, 1986, p. 226-7).

Em seguida, Luiz Costa Lima também enalteceria o poeta, pondo em relevo a ampliação do campo visual da sua lírica, em comparação com o que se realizava, em média, no nosso Romantismo tradicional (Gonçalves Dias, Álvares de Azevedo, Casimiro de Abreu etc.), imbuído de intimismo e autopiedade. Se tal fato contribuiu, por um lado, para a inapreensão da obra no seu tempo, por outro, assegurar-lhe-ia antecipadora "poética de concretude, aberta para o mundo" (in: Campos, op. cit., p. 475).

Augusto e Haroldo de Campos logo perceberam no torto poeta nordestino um precursor e tanto da vanguarda literária do século XX, inclusive dos seus próprios experimentos poéticos. Com a ajuda de Erthos Albino de Souza, lançam *ReVisão de Sousândrade*, propondo-se a pôr em circulação boa parte da obra do escritor. No livro, definem a sua poesia como um "terremoto clandestino"; "um sismo de vibração acima da curva acústica da época", que teria escapado "ao limiar de frequências da sensibilidade de seus contemporâneos" (p. 24). Se houve resistência à obra, isso ocorreu devido à "rotina de uma tradição petrificante" (p. 28), incapaz de entender e valorizar os avançados procedimentos estéticos utilizados pelo valente bardo maranhense.

Wilson Martins (1964), em contraponto e a propósito do livro dos Campos, afirmaria que "a maior parte desses processos falham no pretendido efeito poético", acrescentando que, se Sousândrade "tinha o sentimento poético das coisas [...], faltou-lhe a capacidade de expressão". Em relação ao episódio de "O inferno de Wall Street", torna-se mais duro: "É impossível rejeitar a idéia de que é a primeira manifestação de uma desordem [mental] que chega a ser cruel". Em outras palavras, tratar-se-ia da manifestação verbal de um maluco metido a poeta, de "um esquisitão da província", tipo mais ou menos comum em cidades distanciadas dos grandes centros, tornado "objeto da admiração maravilhada dos contemporâneos". José Guilherme Merquior (1996, p. 136-7) recriminaria o escritor maranhense porque este "não soube forjar o veículo verbal adequado aos seus esforços de aprofundamento psicológico", em decorrência da "forma indecisa" e da "espasmódica prolixidade" reinante em *O Guesa*.

Como se vê, a poesia de Sousândrade vem, ao longo do tempo, suscitando polêmica e dividindo os leitores. Hoje, porém, a tendência entre críticos mais atentos, no Brasil e no exterior[5], é a de valorizar a sua obra, não só pela manifesta ousadia lírico-épica de *O Guesa*, mas também pelas inovações formais que levou adiante, neste poema e em outros.

VI – Alguns procedimentos estilísticos

Relembremos aqui resumidamente alguns desses procedimentos, a partir mesmo da estrofe trans-

---

[5] A exemplo do professor Charles A. Perrone, da Universidade da Flórida, que pronunciou palestra sobre Sousândrade e *O Guesa*, intitulada "Situating the Americas & Transamerican Poetics in Neo-Epics of Brazil", na Universidade de Carolina do Norte, em 1º de dezembro de 2005.

crita no início deste trabalho. Já vimos que a resposta dada à pergunta "De qual natureza/ É o Guesa?.../ = Deu mais à 'Brief' que Webstér!...", remete para a *concisão estilística* do autor. Sousândrade, ao definir o Guesa como "Brief", estaria também definindo aí o seu próprio estilo.

De fato, em vários trechos e sobretudo nos episódios do "Tatuturema" e "O inferno de Wall Street", essa característica se evidencia, quando o autor lança mão de fragmentos estróficos, para expressar diversas cenas e falas. No interior das estrofes, as imagens e os versos se mostram em boa parte descontínuos ou justapostos ("– Borracha... tanto! Alma-cachaça.../ Tanto! Tanto... cada mulher!").

Daí, a *composição em mosaico*, que se observa também entre as estrofes e os vários episódios de cada Canto, bem como no conjunto dos treze Cantos entre si. Estes, por sua vez não guardam linearidade narrativa, montados que são por *flashbacks* rememorativos, sentimentos/pensamentos do personagem (Guesa/Sousândrade), cenas de viagem em diversos lugares das Américas (e da África), referências a personagens históricos, literários ou míticos e a acontecimentos do passado e do presente. Em síntese, a estrutura em mosaico vai desde a microestrutura das imagens compostas ("alma-cachaça") até a macroestrutura organizacional dos Cantos.

Importante efeito da concisão estilística seria o *enigmatismo*: de imagens, trechos e até de poemas inteiros. Para alguns críticos, tal efeito decorreria, na verdade, da insuficiência expressiva e técnica do autor...

Lembremos, contudo, que o enigmatismo surge como uma das características fundamentais da poesia moderna. Aliás, Baudelaire afirmava que havia uma certa glória em não ser entendido. Essa incompreensão (muitas vezes deliberada) da poesia moderna desconcerta e fascina o leitor, como acontece em relação à obra de Rimbaud, Lautréamont, Mallarmé, Augusto dos Anjos, Joyce, Pound, Lorca, por exemplo, bem como à dos poetas da vanguarda formal. Trata-se do fenômeno da *dissonância*, capaz de gerar tensão e inquietude, um dos objetivos da arte moderna, segundo Hugo Friedrich (1978, p. 15), e que teria ocorrido com a obra de Sousândrade, o nosso maior poeta dissonante do século XIX. Por isso mesmo, só pôde ser reconhecido bem mais tarde.

É preciso que se diga, ainda, que a concisão estilística do autor, sugerida na referida estrofe, pela palavra "Brief", se opõe à prolixidade representada pela expressão "Borracha... tanto". De fato, muita coisa se encontra esticada no *Guesa*. Camilo Castelo Branco (1925, p. 139) já falava que a leitura do poema "pesa e enfarta pela demasia dos adubos". É verdade. Trechos retoricamente inchados, borrachudos, batem e voltam, desnorteando o leitor. Prolixidade de um lado e extrema concisão, de outro, no *Guesa*, acabam criando zonas em que obscuridade e enigmatismo prosperam. Para o bem e para o mal. Diferentemente da *ironia crítica*, algumas vezes cômica, brandida contra personagens, situações e episódios sociais e/ou culturais da época, notadamente nas duas descidas ao inferno, cujo efeito é mais preciso, direto. Por exemplo, em "Tatuturema":

(*Ministro português vendendo títulos de honra a brasileiros que não têm:*)

– Quem de coito danado
Não dirá que vens tu?
Moeda falsa és, esturro
   Caturro,
D'excelência tatu!

Ou, ainda:

(*Políticos fora e dentro:*)

– Viva, povo, a república,
Ó Cabrália feliz!
= Cadelinha querida,
   Rendida,
Sou monarco-jui...i...iz.   (*Risadas*)

As duas estrofes dão bem a medida irônica, quando não satírica, com que Sousândrade trata da formação étnica do povo brasileiro e da sua conformação política ("cadelinha querida"), diante da risível intervenção do imperador-juiz, D. Pedro II.

Já em "O inferno de Wall Street", podemos citar, entre várias estrofes de teor semelhante, a seguinte:

(*Freelovers* meditando nas *free-burglars* belas artes:)

– Roma começou pelo roubo;
New York rouba a nunca acabar,
   O Rio, *antropófago;*
      = *Ofiófago*
Newark... tudo pernas pra o ar...

A referência aos grandes centros da civilização europeia (Roma) e americana (New York) se faz aqui sob aspecto moralmente negativo ("roubo"), em contrapartida ao primitivismo do povo do Rio (isto é, do Brasil), comedor de gente e de cobra. O mundo pelo avesso é sugerido no verso final: "Tudo pernas pra o ar..."

Para finalizar, lembremos alguns exemplos da criatividade poética do autor, tais como o plurilinguismo, as rimas exóticas e a substantivação das imagens através de palavras compostas.[6] Extrapolando o Romantismo, alguns desses recursos só se tornariam correntes no alto Modernismo.

O primeiro desses procedimentos, o *hibridismo idiomático*, indica bem o caráter cosmopolita da poesia sousandradina. Em *O Guesa*, a alta incidência de vocábulos e frases em francês, inglês, alemão, holandês, espanhol, grego, latim, italiano e tupi convivem com o português. Diga-se de passagem que esse estrogonofe de línguas encontraria, mais tarde, um mestre em Ezra Pound, sobretudo em *The cantos*, que o salpicou de ideogramas chineses, especiarias gregas e versos alheios *al dente*. Também T.S. Eliot se valeu do hibridismo idiomático, em *The waste land*, assim como, mais tarde, Haroldo de Campos viajaria com ele, em *Galáxias*. Na obra de Sousândrade, ocorrem muitos exemplos do recurso, principalmente em "O inferno de Wall Street":

---

[6] Augusto e Haroldo de Campos, na sua citada obra, descrevem ainda diversos outros aspectos micro e macroestilísticos do poeta, entre os quais o barroquismo, o imagismo, as dicções metafísico-existencial, conversacional-irônica, sintético-ideogramática, além dos jogos sonoros e invenções vocabulares.

(GLADSTONE pagando à tesouraria de WASHINGTON os milhões da arbitração de GENEBRA:)

– *Very smarts! Ô! Ô! Very smarts!*
Mas pôs o Alabama pra trás
    Aos *puffs*-Puritanos
    Cem anos!
Sobre-*rum*-nadam *fiends, rascáls;*

Post war Jews, Jesuítas, Bouffes
Que decidem de uma nação
A cancan!... e os *héros*
    Homeros
De rir servem, não de lição!

    Além de todo um verso em inglês (*"Very smarts! Ô! Ô! Very smarts!* = Muito espertos! Oh! Oh! Muito espertos!"), observamos a palavra composta em inglês e português: *"puffs*-Puritanos" (fanfarrões puritanos) e uma curiosa tmese: "Sobre-*rum*-nadando" (sobrenadando no rum, isto é, na bebida), os *fiends* (demônios) e *rascáls* (velhacos). Esta última foi acentuada como em português para obter a rima em *ás*. Vemos, ainda, a expressão anglo-latina *"Post war Jews"* (judeus do pós-guerra) e as palavras francesas "Bouffes" (burlescos) e "cancan" (dança agitada feita por mulheres). Mais: a palavra grega *"héros"* (heróis), que no original estava escrita em grego (ñpws), seguida da palavra em caracteres latinos do poeta Homero.
    Em consequência da mistura idiomática, encontramos no *Guesa* e em outros poemas do autor um rimário inusitado, igualmente híbrido (também chamado de exótico), como podemos ver nas estrofes

acima (trás/rascáls; héros/Homeros). Os exemplos são abundantes em várias outras passagens: pau/anyhow; miss/meiguice; dids/vides; bod/acode; flirtar/dolár; cai/July; up/farrapo; saraus/Kalakaus; spokesman/amém; um/Barnúm; amanhã/Grant; rouxinol/Court-hall; voz/bot; Ku-Klux/luz; Blackwell/cruel; roubar/Star; Howe/Sou; Heeren/tirem; rascál/jornal; barrel/cocktail; mulher/Webstér; horizonte/don't etc.

Por último, destaquemos um recurso do poeta, presente em toda a sua obra, desde *Harpas selvagens* a *Novo Éden*: a substantivação das imagens através de palavras compostas. Ou seja: a criação de *compostos imagísticos*, a exemplo de "alma-cachaça" e "*puffs-*Puritanos". Essa é uma das características estilísticas mais notáveis de Sousândrade. Decorre, sem dúvida, do esforço de concisão e concretização da metáfora, centrada no substantivo mais que no adjetivo.

Os Campos entendem que se trata da "imagem visual toda feita de impactos olho-coisa, luz-movimento" (op. cit., p. 33). Sob esse aspecto, o poeta maranhense teria sido um precursor da poesia de vanguarda do século XX. Ezra Pound, James Joyce, Dylan Thomas, Arno Holz e o nosso Oswald de Andrade recorreram a compostos metafóricos semelhantes. Poderíamos acrescentar, ainda, nesta lista, Guimarães Rosa ("crioula benta-bêbada"), Murilo Mendes ("Um aviãopássaro passa") e João Cabral de Melo Neto ("eles levam em si os nós-senão-pregos").

Os compostos imagísticos de Sousândrade são variados. Na esteira do estudo feito pelos autores de *ReVisão de Sousândrade*, podemos citar: 1) a montagem de dois substantivos, o segundo com função adjetiva: *nuvens-sonhos, firmamento-adeus, moças--aves, Ângelus-aves, raios-dardos* etc.; 2) substantivo ou adjetivo + verbo: *florchameja, floresencham, fossilpetrifique, terra-inundam, negro-cintilam, auro-opalizam, claro-umbrava, rubro-ardendo, límpido-luzindo* etc.; 3) adjetivos indefinidos, advérbios, preposições ou conjunções combinadas: *longe-ignotos, longe-olhando, quase-olvido, sempre-longes, sempre-Éden, riso-sem-rir, sem-sono, já-celestiais* etc.; 4) compostos híbridos: *puffs-Puritanos, Bull-furacão, Ring-negro, safe-guardando, Hall-bruto* etc.; 5) compostos estrangeiros: *Hudson-manbusiness, free-burglars, All-brokers, All-jobers, All-saints* etc.; 6) nomes próprios + substantivos ou vice-versa: *Sul-Serafim, Roma-Manhattan, Honra--Minerva, Curumis-guesa, Vênus-cadela, vigílias-Deus, imagem-Deus, alma-Deus, Deus-deserto, Calabar-Camarão, Baco-Lusíadas, Pará-engenheiro* etc.

Para se ter uma ideia da frequência de tal recurso em sua poesia, basta-nos transcrever uma pequena estrofe de seis versos, retirada do livro *Harpa de ouro*, onde aparecem cinco compostos imagísticos, quase um por linha:

> Ser teu *Great-Dog*; e tu meu Sírio!
> Oh, borboleta-girassol!
> Gênio-amor! Oh, luz-delírio!
> Oh, tanta luz! tanto arrebol
> (Ó riso-céus!) e o lume e o lírio
> De teus cabelos de crisol!

Sem dúvida, essa é uma das grandes marcas estilísticas do poeta: a invenção de compostos capazes de materializar a imagem. João Cabral diria que nesses momentos o poeta *dá a ver* as coisas. Tais compostos representariam "especial intensidade criativa" de Sousândrade, ao criar "palavras-ilhas, palavras-coisas, carregadas de eletricidade" (Campos, op. cit., p. 110). Curiosamente, muitos dos recursos que projetam a sua arte na poesia do século XX têm um pé no passado, mais precisamente no pré-romantismo neoclássico, representado pela figura de Odorico Mendes (1799-1864). Este se especializou na tradução dos clássicos greco-latinos, sobretudo Homero (*Odisseia* e *Ilíada*) e Virgílio (*Eneida*). Como se sabe, Sousândrade era um grande cultor da língua grega, tornando-se mais tarde professor no Liceu do Maranhão; segue-se que admirava o seu conterrâneo Odorico, a quem chamou, na estrofe 76 de "O inferno de Wall Street", de "pai rococó", contraponto.

Pois bem. Como o árcade português Filinto Elísio, Odorico acreditava que a língua portuguesa e o idioma poético só podiam ser renovados sob inspiração clássica. Daí a "imitação dos antigos", o preciosismo verbal, a recorrência à mitologia, à retórica camoniana, à melopeia homérica e sobretudo à crença de que o português seria uma língua mais concisa que o grego e o latim. Donde, nesse sentido, a criação de numerosas expressões compósitas nas suas traduções: "dedirrósea aurora", "olhicerúlea", "crini-azul", "doma-corcéis" etc. Um estudo comparativo entre a estilística de tensão tardo-neoclássica de Odorico e a pós-romântica modernista de Sousândrade daria decerto bons resultados e boas revelações...

VII – Sousândrade, romântico e experimental

Pelo que foi considerado até aqui, é inegável que Sousândrade representou um espírito extremamente original no quadro da poesia brasileira da segunda metade do século XIX. Quer pela linguagem, quer pela temática. Além disso, nenhum outro poeta do período revelou fôlego épico-lírico tão largo quanto o dele. Foi, por certo, um dos primeiros poetas do Ocidente a denunciar, à base da ironia, de efeito muitas vezes cômico, a força do capitalismo financeiro-industrial norte-americano, a partir da Bolsa de Nova York, a monocultura do dinheiro naquele país, em aparente contradição com os valores e ideias puritanas, em uma antecipação extraordinária do tema desenvolvido pelo sociólogo e economista alemão Max Weber, no seu clássico *A ética protestante e o espírito capitalista* (1910). Mas não deixou de celebrar, o ouro, isto é, a riqueza material, como importante valor de desenvolvimento humano e social, como podemos observar nos versos que se seguem ao episódio de "O inferno de Wall Street".

No campo da nossa literatura, levou mais longe a proposta da épica romântica indianista, tentada antes com maior ou menor êxito por Gonçalves Dias (*Os Timbiras*), Gonçalves de Magalhães (*Confederação dos Tamoios*) e Araújo Porto-Alegre (*Colombo*). Com uma diferença: não se limitou ao espaço brasileiro. Ao recorrer a um mito errante, pré-colombiano, pôde simbolicamente promover o enlace temporal, geográfico e cultural de quase todos os países das Américas, com acenos para mudanças políticas no futuro – a sonhada instalação da república entre os povos sul--americanos.

No plano formal, a originalidade de Sousândrade se manifesta, ora através da ironia crítico-social – notadamente nos episódios de "Tatuturema" e "O inferno de Wall Street" –, ora através de uma série de recursos micro e macroestilísticos, já mencionados.

Outra grande marca da poética sousandradina se encontra no *supra* citado caráter enigmático da expressão, na linha da dissonância pós-baudelairiana, proveniente da tensão entre concisão verbal e prolixidade, sobretudo em *O Guesa*. Fluxo e refluxo de uma criação oscilante entre a reflexão intelectual e a emoção evocativa, seja no plano pessoal, seja no plano histórico.

Daí, nesse sentido, a presença de numerosos versos e imagens de alto teor inventivo. O processo de associações, combinações, deslocamentos, apropriações, alusões a eventos e notícias da época, paráfrases e interpolações linguísticas, entre outros procedimentos estilísticos, chega a ser vertiginoso nas duas descidas ao inferno.[7] Um precursor, sem dúvida, da

---

[7] Trata-se mesmo de uma narrativa caótica (no sentido da "enumeração caótica" que, para Leo Spitzer, consistiria em uma das características da poesia moderna), com uma sequência não-linear ou não-lógica de episódios, principalmente em "O inferno de Wall Street". Odile Cisneros (2001, p. 64-73), com sustentadas razões, propõe um outro modo de compreensão da estrutura do "Inferno", ao aproximá-lo dos "jornais e periódicos ilustrados da época, especialmente *O Novo Mundo*, jornal nova-iorquino em português, publicado na altura em que Sousândrade residiu naquela cidade." Assim, segundo Cisneros, "se em termos de conteúdo e composição "O Inferno" deve muito de sua novidade a materiais tirados de *O Novo Mundo*, a composição gráfica do poema também aproveita os recursos da

melhor poesia experimental do século XX. Somente nos *Cantos*, de Ezra Pound, encontramos algo semelhante.

Como isso pôde acontecer? Além dos dotes intelectuais e imaginativos inatos (destaque para a sua capacidade de visualização), soma-se a isso a vida peregrina, que lhe possibilitaria uma abertura cultural de amplo espectro, ao morar, em estadas mais ou menos prolongadas, em grandes cidades do Ocidente: Paris, Londres, Nova York. E também no Rio de Janeiro, centro político-literário do país. De passagem, visitaria a região amazônica, quase todos os países andinos e até mesmo o norte da África. A província de São Luís e particularmente a Quinta Vitória, à margem do rio Anil, dar-lhe-iam, por sua vez, o necessário recolhimento (romântico) de trabalhar na tranquilidade a emoção e as impressões de todas essas diversas experiências.

Por conta das viagens e das referências multiculturais em sua obra, Merquior afirmaria ser Sousândrade o poeta verdadeiramente cosmopolita do nosso romantismo e não Castro Alves. Haroldo de Campos diria mais: a sua obra fez deslocar para a segunda geração romântica (a que o maranhense pertencia) o marco da nossa independência literária, e

---

tipografia do jornal [...]: vários tamanhos e fontes tipográficas (cursiva, maiúscula) para marcar os nomes de personagens no texto, palavras em outras línguas, além de traços singelos e duplos para separar as múltiplas vozes no poema". Do ponto de vista ideológico, conclui Cisneros, a leitura de *O Novo Mundo* e de "O Inferno de Wall Street" sugere a existência de "uma série de relações interessantes entre a posição do jornal, do poema e o aparecimento de uma consciência americanista, em ambos."

não o Modernismo de 1922. O próprio poeta teria intuído o caráter antecipador do seu trabalho, ao comentar com tristeza que ouvira dizer, "já por duas vezes, que o *Guesa errante* será lido cinquenta anos depois; – decepção de quem escreve cinquenta anos antes".

É verdade que se acha no mesmo Sousândrade inovador, ousado, uma série de lugares-comuns, ao lado de insuficiência expressiva e associações aparentemente alógicas, tangendo a obscuridade. Muitos críticos já assinalaram esses traços. O que nos interessa, entretanto, neste trabalho é ressaltar os acertos e não as eventuais falhas do escritor. Que foram muitos. Alguns, aliás, geniais, pela força precursora de que se acham revestidos.

Vale lembrar, por outro lado, que numerosos poemas de *Harpas selvagens* e *Eólias* não apresentam obscuridade, escritos que foram dentro do cânone romântico, em que o escritor, de um modo geral, expressa o seu eu lírico atormentado, louva a natureza, a pátria, a região ou se volta, amoroso, para musas reais e/ou imaginárias. Neles, utiliza com maestria formas predominantes da época e linguagem transparente, bastante comunicativa, mas nunca superficial.

Tais textos foram pouco divulgados, desde quando apareceram até hoje, talvez porque o escritor tivesse vivido em viagens constantes, longe da Corte – na Europa, no Maranhão ou em Nova York –, e publicado o seu trabalho (com exceção da primeira edição de *Harpas selvagens*) distante do Rio (caso das obras *Impressos*, em 1868, e *Novo Éden*, em 1893, ambas saídas em São Luís do Maranhão) e mesmo fora do país (*Obras poéticas*, *O Guesa errante*, em Nova York; e *O Guesa*, em Londres).

33

Tudo isso teria contribuído para afastar o seu nome do sistema literário vigente no país. Acrescente-se aí a própria personalidade do autor, de manifesta tendência antissocial, retraída[8], que em nada ajudaria a tornar mais conhecida a sua poesia. Também é certo que, mais tarde, a contundente reavaliação crítica da obra, realizada pelos concretistas, na década de 1960, iria privilegiar, por óbvias razões, o Sousândrade experimental e não o Sousândrade canônico.

Ao longo do tempo, ocorreu, assim, uma dupla injustiça. De um lado, ignorado como romântico e incompreendido como inovador, na sua época; de outro, supervalorizado como precursor vanguardista e ignorado como romântico, setenta anos depois.

Como todo grande artista, Sousândrade soube ser tradicional e inventivo, egocêntrico e participativo, grave e irônico, celebrando o transitório, o presente e o eterno. A natureza e a sociedade. A vida comum e a vida do espírito. Personagens e fatos extraídos do noticiário dos jornais, de um lado; mitos, feitos e fatos da Grécia homérica e clássica, de outro. Em uma palavra: soube ser dialeticamente moderno. Como, aliás,

---

[8] É verdade que, depois de proclamada a República, Sousândrade, em São Luís, torna-se um homem de grande atividade pública. Isso pode nos levar a supor que teria sido o contrário de um misantropo. Essa sociabilidade, entretanto, compreende apenas o homem político, que lutava para realizar o ideal republicano, há tempos acalentado. Como poeta, a história foi outra. Curtiu a solidão, as viagens, a contemplação da natureza, o recolhimento interior, dando curso efetivamente ao escapismo romântico, fundamental para a sua criação literária, principalmente durante a execução de *O Guesa*.

propugnava Charles Baudelaire, no artigo "Do heroísmo da vida moderna" (1846) e no ensaio "O pintor da vida moderna" (1869). Só assim podemos compreendê-lo na sua integralidade artística.

É indiscutível que o Sousândrade canônico não teria se projetado na história literária com a complexidade e o interesse que nos chega hoje, mas não teria feito má figura. Provavelmente teria sido visto como um dos bons escritores do período, caso tivesse publicado parte da sua poesia no centro cultural do país e vivido mais tempo por aqui, em contato com outros escritores e críticos de então.

Entretanto, de forma deliberada ou não, quis ir mais longe, tanto no sentido literal quanto literário, ao embarcar em navios que o levariam às Américas, à Europa e à África. E, sobretudo, ao embarcar na composição de uma obra – *O Guesa* – que o levaria a escapar dos parâmetros vigentes da época. Nos dois casos, empreendeu viagens arriscadas; arriscadíssimas até.

Fosse usuário de língua de maior prestígio e tradição cultural, é de se pensar que a sua cotação no mercado literário internacional teria alcançado outro patamar, principalmente pela criação do episódio de "O inferno de Wall Street": verdadeira *blue-chip* poética. Mas isso é outra história.

VIII – Da seleção

A seleção dos poemas aqui efetuada obedeceu a dois critérios básicos: 1) a presença, a nosso ver, de maior fatura literária de tais textos, quer sob o aspecto inventivo, pré-vanguardista, quer sob o aspecto canônico, romântico, aqui igualmente valorizados; e 2) o (inevitável) gosto pessoal do antologista.

A ordem dos poemas ou dos trechos selecionados não se prende à cronologia de publicação das obras. Começa com a transcrição de trechos dos Cantos I, II, X, anteriormente comentados, com destaque para as duas descidas ao inferno: "Tatuturema" e "O inferno de Wall Street". Como esses dois episódios se encontram repletos de referências literárias, históricas e sobretudo a fatos e pessoas da época, para a sua maior compreensão elaboramos notas de rodapé.

A propósito dos trechos dos Cantos, optamos por separar as estrofes, sobretudo os quartetos. Na edição londrina, aparecem ligadas, provavelmente para economizar espaço; vinham apenas indicadas pela puxada do verso inicial. A nossa opção se deve a três aspectos: a) na edição de 1874, as estrofes dos quatro primeiros Cantos se encontram separadas; b) pouco antes de morrer, o autor publica em jornal o prolongamento do Canto XII, "O Guesa, o Zac", com as estrofes também separadas; e c) a descontinuidade espacial das estrofes dá mais respiração ao texto, favorecendo a leitura.

Depois de trechos do *Guesa*, selecionamos poemas do livro *Liras perdidas*. Muitos deles, escritos durante a estada do poeta em Nova York, surgindo daí o uso de expressões inglesas e curiosas rimas exóticas (horizonte/*I don't*), já comentadas. Seguem-se os poemas do seu primeiro livro, *Harpas selvagens* e os de *Eólias* (que, aliás, nunca teve edição independente; fez parte inicialmente do volume *Impressos* e depois de *Obras poéticas*).

Com relação a essas obras, importante lembrar que transcrevemos poemas da segunda edição das mesmas, em exemplar pertencente à Fundação Biblioteca Nacional, no Rio de Janeiro. Nelas, o autor afirma, na introdução (*Memorabilia*), que fez nas *Harpas selvagens* "as alterações que me pareceram necessárias". Que foram muitas. A seleção dos poemas realizada pelos autores de *ReVisão de Sousândrade* se baseia infelizmente na primeira edição. Entendemos que deve prevalecer a última versão do poeta, que ora apresentamos ao leitor.

Por fim, escolhemos trechos significativos das canções republicanas, *Harpa de ouro* e *Novo Éden*, lembrando que este foi o derradeiro livro do poeta em vida.

Temos, assim agrupados, poemas que representam o Sousândrade predominantemente: a) épico (*O Guesa*); b) lírico (*Liras perdidas*, *Harpas selvagens* e *Eólias*); c) dramático (episódios do "Tatuturema" e de "O inferno de Wall Street", com a presença de numerosas vozes que se manifestam através de diálogos diretos ou indiretos, em estrofes antecedidas de didascálias ou legendas, recurso tipicamente teatral); e d) politicamente engajado (*Harpa de ouro* e *Novo Éden*).

Estamos, portanto, na presença de um poeta irisado, multitemático e com amplo domínio das formas e dos gêneros poéticos.

Importa assinalar que nesta antologia constam textos oriundos de dois livros póstumos do poeta, só recentemente publicados: *Harpa de ouro* e *Liras perdidas*. O primeiro, localizado por Luiz Costa Lima e por ele analisado, no ensaio "O campo visual de uma experiência antecipadora", em 1964. Foi publicado, pela primeira vez, em 1969, sob a direção de Jomar Moraes, com base em uma única cópia datilografada existente então, em parte danificada, com as 11 folhas finais estragadas pelas traças, além de versos e estrofes incompletos. No ano seguinte, o manuscrito original seria encontrado por Frederick Williams e Jomar Moraes, na Biblioteca Pública do Estado. A edição de que nos valemos é a de 2003, publicada pelos dois pesquisadores, com reprodução fac-similar dos originais. Quanto ao livro *Liras perdidas*, teria sido achado por Alexandre Eulálio da Cunha Pimenta, mas só vindo a lume, em 1970, ao lado de *Harpas de ouro* e "O Guesa, o Zac", sob o título de *Sousândrade: inéditos*, por iniciativa dos mesmos Jomar Moraes e Frederick Williams.

Decidimos atualizar a ortografia e eliminar alguns apóstrofos ("d'Espanha", p. ex.), próximos da prosódia lusitana de então, sem comprometer a medida do verso, pois a elisão torna implícitos tais apóstrofos. Diferentemente dos processos de acomodação métrica ou metaplasmos (aféreses, síncopes etc.), que preservei devido a razões ecdóticas.[9]

Por nossa conta e risco, adicionamos subtítulos ou indicações de leitura à margem direita de algumas passagens dos Cantos do *Guesa*, a fim de torná-las mais compreensíveis ao leitor não especializado.

IX – O errante navegante: *hommage*

Para concluir, não podemos deixar de assinalar que vários artistas contemporâneos já homenagearam o autor maranhense, ao citar ou cantar versos seus (Caetano Veloso: "Brasil, braseiro de rosas", "Toca de

---

[9] A esse propósito, remeto o leitor ao excelente livro de Sânzio de Azevedo, *Para uma teoria do verso* (Fortaleza: EUFC, 1997, p. 17-45).

raposas bêbadas"; Gilberto Gil: "Gil-engendra em Gil rouxinol..."), bem como ao lhe dedicar poemas, a exemplo de Murilo Mendes, com "Grafito para Sousândrade" e Haroldo de Campos, com "Urna para Sousândrade". De nossa parte, dedicamo-lhe o poema abaixo. Foi publicado, em 2004, pela Revista *Poesia Sempre*, da Fundação Biblioteca Nacional, depois inserto no livro *Praia provisória* (2006). Trata-se de uma homenagem ao poeta que antes de tudo viajou na própria língua:

SOUSÂNDRADE

yea!
na
lín
gua

por
tu
guesa
a

por
tou
er

rante
um
guesa

Adriano Espínola

POEMAS

O GUESA
(1887?)

DO CANTO PRIMEIRO

(1858)

Eia, imaginação divina!   Os Andes[10]
Vulcânicos elevam cumes alvos,
Nuvens flutuando – que espetac'los grandes![11]

Lá, onde o ponto do condor negreja,
Cintilando no espaço como brilhos   *O cenário andino.*
De olhos, e cai a prumo sobre os filhos
Do lhama descuidado; onde lampeja

Da tempestade o raio; onde deserto,
O azul sertão formoso e deslumbrante,
Arde o sol o incêndio, delirante
Coração vivo em céu profundo aberto!

"Nos áureos tempos, nos jardins da América[12]
Infante adoração dobrando a crença
Ante belo sinal, nuvem ibérica
Em sua noite envolveu ruidosa e densa.

---

[10] Observe-se a sugestão visual que o deslocamento para uma só linha do sintagma "Os Andes" oferece: o leitor como que *vê*, na página em branco, os Andes soberanos.
[11] Síncope em "espetac'los", para manter o verso decassilábico.
[12] Geralmente as aspas introduzem, no poema, reflexões, imagens e sentimentos do autor.

Cândidos Incas! Quando já campeiam *O poeta relembra*
Os heróis vencedores do inocente *o domínio*
Índio nu, quando os templos se incendeiam, *espanhol dos incas.*
Já sem virgens, sem ouro reluzente,

Sem as sombras dos reis filhos de Manco,[13]
viu-se... (que tinham feito? E pouco havia
A fazer-se...) num leito puro e branco
A corrupção, que os braços estendia!

E da existência meiga, afortunada,
O róseo fio nesse albor ameno
Foi destruído. Como ensanguentada
A terra fez sorrir ao céu sereno!

Foi tal a maldição dos que caídos
Morderam dessa mãe querida o seio,
A contrair-se aos beijos, denegridos,
O desespero se imprimi-los veio, –

Que ressentiu-se, verdejante e válido,
O floripôndio em flor; e quando o vento
Mugindo estorce-o doloroso, pálido,
Gemidos se ouvem no amplo firmamento!

E o sol, que resplandece na montanha
As noivas não encontra, não se abraçam
No puro Amor; e os fanfarrões de Espanha,
Em sangue edênio os pés lavando, passam.

---

[13] Manco Cápac: lendário fundador do império inca.

Caiu a noite da nação formosa;
Cervais romperam por nevado armento,[14]
Quando com a ave a corte deliciosa
Festejava o purpúreo nascimento."

Assim volvia o olhar o Guesa Errante
Às meneadas cimas[15] qual altares
Do gênio pátrio, que a ficar distante
Se eleva a alma beijando-a além dos ares.

E enfraquecido o coração, perdoa
Pungentes males que lhe estão dos seus
Talvez feridas setas abençoa
Na hora saudosa, murmurando adeus.

Porém, não se interrompa esta paisagem
Do sol no espaço! Misteriosa calma
No horizonte; na luz, bela miragem
Errando, sonhos de dourada palma!

Eia, imaginação divina! Sobre *A serra e o mar.*
As ondas do Pacífico azulado
O fantasma da Serra projetado
Áspero cinto de nevoeiros cobre:

Donde as torrentes espumando saltam
E o lago anila seus lençóis de espelho,
E as colunas dos picos de um vermelho
Clarão ao longe as solidões esmaltam.

---

[14] Provavelmente o poeta se refere aos espanhóis selvagens ("cervais") ao destruírem o rebanho branco, inocente, dos indígenas.
[15] Oscilantes cumes.

A forma os Andes tomam solitária
Da eternidade em roto vendaval
E os mares compelindo procelária,
Condensa, altiva, indômita, infernal!

(Ao que do oceano sobe, avista a curva
Perdendo-se lá do éter no infinito,
Treme-lhe o coração; a mente turva
Se inclina e beija a terra – Deus bendito!)

[...]

Ele entrega-se à grande natureza; *Descrição do Guesa.*
Ama as tribos; rodeiam-no os selvagens;
Trêmulo o Amazonas corre; as margens
Ruem; os ecos à distância os pesa.

Ama, acesa a planície, em lantejoulas
Luzindo as florezinhas verticais;
Dorme à sombra de místicas papoulas,
Uiva o vento volvendo os florestais.[16]

Escuta hinos de além; voa à corrente
Dos pongos, que retumbam no deserto;
Do cálix pende ao rir de enlevo aberto
Da flor, que se desata enrubescente –

---

[16] No original, está "uivo", provável erro de revisão. Notar a sugestiva alteração: "Ui*va* o *ven*to *volven*do...".

[...]

Descrevo a embriaguez de elíseos sonhos   *O poeta fala dos seus*
E as tão formosas coisas, de tal sorte   *propósitos e se identifica*
Das mãos dos céus seráficos risonhos,   *com o mito.*
Caindo meigas entre a origem e a morte.

Nossa alma eterna pelas raias erra
Dos desterros da vida se extinguindo;
Depois, qual o estou vendo estar luzindo,
Vem ver-se o sol; depois, ao diabo, à terra...

[...]

Meia-noite! O Guesa Errante

(Na selva os berros do jaguar fragueiros,   *O Guesa na floresta*
Nas plúmbeas praias da deserta Ronda   *amazônica.*
Colhendo o lanço os ledos marinheiros),
Do seu banho noturno agora da onda

Se separava. Assobiando os ventos
Nas encostas sonoras, lhe enxergavam
Os seus negros cabelos, que agitavam
Qual ondulam sombrios movimentos

Sobre o Solimões pálido. Ele escuta:
Auras surdas; diáfanas alfombras
No espaço; o ressonar da pedra bruta;
E entristeceu.
          Contemplação nas sombras.

[...] O vento

Murmurou, qual satânica risada
Que estalasse na treva. "Então, se geram
sutil remorso e a saudade amada –
tal por divertimento nos fizeram..."

Ora o Guesa, talvez supersticioso
Do deserto, das sombras, dessas vozes
Formidáveis da noite além nas fozes,
Estremeceu e despertou medroso:

Que é num lúcido sono que as ideias   *O poeta invoca as*
Prolongam-se mais fundas em nossa alma. *musas e medita sobre*
"Quem se está rindo?!... eu devo   *e o seu destino.*
              [com mais calma
Pensar... não são tão sós mesmo as areias...

E eu verguei ao peso dos meus males –
Céus, quanto sofro! Tenho consumido
Gota por gota do meu negro cálix
O fel, de que acabei por ser nutrido..."

Força da solidão, eterna imagem
Contemplada nos céus, alma em ação,
Oh! sê divina! E vós, musas da aragem,
Vibrai as harpas da meditação!

DO CANTO SEGUNDO

(1858)

Opalecem os céus – clarões de prata –
Beatifica luz pelo ar mimoso   *Visão edênica da natureza*
Dos nimbos de alva exala-se, tão grata   *americana.*
Acariciando o coração gostoso!

Oh! doce enlevo! Oh! bem-aventurança!
Paradíseas manhãs! Riso dos céus!
Inocência do amor e da esperança
Da natureza estremecida em Deus!

Visão celeste! Angélica encarnada
Com a nitente umidez de ombros de leite,
Onde encontra amor brando, almo deleite,
E da infância do tempo a hora foi nada!

A claridade aumenta, a onda desliza,
Cintila com o mais puro luzimento;
De púrpura, de ouro, a c'roa se matiza[17]
Do tropical formoso firmamento!

---

[17] Duas síncopes: uma assinalada ("c'roa"); outra, não ("pur'pra").

Qual um vaso de fina porcelana
Que de através o sol alumiasse,
Qual os relevos da pintura indiana
É o oriente do dia quando nasce.

[...]

O Éden ali vai naquela errante
Ilhinha verde – portos venturosos
Cantando à tona d'água, os tão mimosos   A região amazônica.
Símplices corações, o amado, o amante.

Encantados lá vão, às grandes zonas
De um outro mundo, a amar, a ouvir cantando:
Oh, ninguém sabe o encanto do Amazonas
Ao sol, ao luar, as águas deslumbrando!

Esta é a região das belas aves,
Da borboleta azul, dos reluzentes
Tavões de ouro, e das cantilenas suaves
Das tardes de verão mornas e olentes;

A região formosa dos amores
Da araçaraneia flor, por quem doideia,
Fulge ao sol o rubi dos beija-flores,
E ao luar perfumado a ema vagueia.

Ao longe as praias de cristal se espaçam,
Vibrando a luz, e os bosques se emaranham,
Cabeleiras dos ventos, que as assanham;
– as feitorias os seus tetos traçam:

São muitos os arraiais,
    [nações diversas,   *A degradação*
São filhos do ócio,   *dos povos indígenas, trazida*
    [que oram despertaram   *pela civilização cristã.*
Na ambição vária (as multidões
    [dispersas
Do arrau medroso as águas se arrojaram).

Tumultuados volvem as areias,
Esquadrinham, revolvem, amontoam,
Com a sede dos que da terra as veias
De suor não regam, vozes não entoam

Na sossegada lavra, esperançosas
Tangendo o boi do arado. O povo infante
O coração ao estupro abre ignorante
Qual às leis dos cristãos as mais formosas.

Mas o egoísmo, a indiferença, estendem
As eras do gentio; e dos passados
Perdendo a origem cara estes coitados,
Restos de um mundo, os dias tristes rendem.

Quanta degradação! Razão tiveram
Vendo, os filhos de Roma, todos bárbaros
Os que na pátria os olhos não ergueram,
Nem marcharam à sombra dos seus lábaros.

Mas, que danças! Não são mais
    [as da guerra,   *Descreve as danças*
Sacras danças dos fortes, rodeando   *dos selvagens.*
A fogueira que estala e a, que inda aterra,
Vitória os hinos triunfais cantando:

Quando os olhos altivos lhe não choram
Ao prisioneiro, enfurecido aos gritos
Do vencedor que insulta seus avitos[18]
Manes, que para além das serras foram.

Crepitante cauim girava ardente
E os guerreiros na glória deliravam,
Solene e vasto o círculo cadente
Onde valor os chefes assopravam

No sacro fumo, rebramando o espaço
Oh, como eram selvagens os seus gritos
Lá no meio da noite dos recitos,
Sombrio a balançar pendente o braço!

[...]

Amava o Guesa Errante esses cantares
Longínquos a desoras nas aldeias;

[...]

Tal o filho do Sol, peregrinando *O poeta se identifica*
A sós, dos mundos à atração risonha, *outra vez com o Guesa.*
No barracão pernoita; e acorda estando
Qual quem da sociedade se envergonha.

– E lá perdeu-se no pegão-pampeiro,
quando os índios mais vários doidejavam
e este canto verídico e grosseiro
em toada monótona alternavam:

---

18 Avitos manes [manema (tupi)]: antepassados sem sorte, isto é, que foram mortos pelos inimigos.

(MUXURANA *histórica:*)   *O Tatuturema, dança e canto*
dos indígenas do Solimões.
— Os primeiros fizeram[19]
As escravas de nós;
Nossas filhas roubavam,
   Logravam
E vendiam após.

(TEGUNA *a s'embalar na rede e querendo sua independência:*)

— Carimbavam as faces
Bocetadas em flor,
Altos seios carnudos,
   Pontudos,
Onde há sestas[20] de amor.

(MURA *comprada escrava a onze tostões:*)

— Por gentil mocetona,
Boa prata de lei.
Ou a saia de chita
   Bonita,
Dava *pro-rata* ao rei.[21]

---

[19] Notar a estrutura dramática do episódio, com a entrada em cena de vários personagens, dançando e cantando em diálogo ou anunciando temas.
[20] No original, consta "sestas" (assim como na antologia dos Campos). "Setas de amor" também faria sentido = setas de Cupido. A imagem imediatamente anterior ("seios carnudos,/Pontudos") permite essa associação.
[21] *Pro-rata* (latim): a parte que cabe a cada um num rateio; proporcionalmente.

(TUPINAMBÁ *ansiando por um lustro nos maus* PORTUGUESES:)

— Currupiras os cansem
No caminho ao calor,
Parintins orelhudos,[22]
Trombudos,
Dos desertos horror!

(*Coro dos índios:*)

— Mas os tempos mudaram,
Já não se anda mais nu:
Hoje o padre que folga,
Que empolga,
Vem conosco ao *tatu*.[23]

(TAGUAIBUNUSSU *conciliador; coro em desordem:*)

— Eram dias do estanco,
Das conquistas da Fé
Por salvar tanto ímpio
Gentil...
— Maranduba, abaré!...[24]

[...]

---

[22] Parintins: tribo tupi do Amazonas.
[23] Referência abreviada ao Tatuturema.
[24] Maranduba (ou morunduba): novidade, notícia de guerra; abaré: padre missionário, sacerdote.

(NEPTUNUS SANCTORUM *entrando pestilente:*)

– Introibo, senhoras,[25]
Templos meus, flor em flor
São-vos olhos quebrados,
Danados
Nesta noite de horror!

(Padre EXCELSIOR, *respondendo:*)

– *Indorum libertate
Salva*, ferva *cauim*[26]
Que nas veias titila
Cintila
No prazer do festim!

(*Coro das índias:*)

– A grinalda teçamos
Às cabeças de lua:
Oaca! Yaci-tatá![27]
Tatá-yrá,
Glórias da carne crua!

---

[25] *Introibo*: início de uma preleção, exórdio. Note-se, a partir daí, que o poeta mistura expressões latinas (dos padres missionários) e tupis, sugerindo o choque de cultura entre as duas civilizações, a branca e a indígena.

[26] *Indorum libertate salva*: ressalvada a liberdade dos índios; *cauim*: aguardente de mandioca.

[27] Oaca: cabeça; Yaci-tatá: estrela; tatá-yrá: mel de fogo.

(*Velho* HUMÁUA *prudente:*)

— Senhor padre coroado,
Faça roda com todas...
A catinga já fede!
De sede
Suçuaranas 'stão doidas!

[...]

(*Vigários, ébrios saindo do tatuturema, insultam sagrados túmulos;*
a VOZ:)

— Escarremos imundos
Nestas trevas!
— Jeová
Daí, o negro vampiro,
Ao delírio
Teu em luzes fará!

(GONÇALVES-DIAS *falando dos mares:*)

— Vão das conchas envoltos
Volver campa os tatus;
Vão derviches aos banjos;
Só anjos
Vão com flor a Jesus.

[...]

(DESALMADO *negociante passando lavouras para a Praiagrande;* JOÕES-*sem-terra cantando à viola:*)

– 'Suprimentos, madamas,
Desta casa terão;
Paguem desconhecidos
Maridos!...'
– Do, lan, dro, la, don, drão.[28]

(LÁZARO DE MELO *da sobredita escola:*)

Moedas trinta! E a cabeça
Quer de quem nos criou...
Se dá mais capitão,
Bequimão[29]
Risca, ó Governadô![30]

(*Desconsolados agiotas e comendadores:*)

– De uns arrotos do demo,
No *revira* se haver...
– Venha a nós papelório

---

[28] Curiosa fragmentação silábica das palavras "ladrão" e "(ma)landro", intermediados por "do" (preposição+artigo) e "don" (forma de tratamento), que dá ao verso um tom irônico, além de musical.
[29] Referência a Manuel Beckman, conhecido por Bequimão, no Maranhão. Rico senhor de engenho, liderou revolta popular contra o monopólio comercial, em 1684. A coroa portuguesa reagiu, sufocando a revolta, levando-o à forca no ano seguinte. Considerado o protomártir da liberdade no Brasil.
[30] Referência ao governador do Maranhão preso por Bequimão. Note-se que a partir dessa estrofe e nas três seguintes, o poeta recorre à linguagem popular, buscando aproximar a escrita da fala oral dos negros escravos.

Do empório,
E de Congo o saber.

(*Damas da nobreza:*)

– Não percisa prendê[31]
Quem tem pretos p'herdá
E escrivão p'escrevê;
Basta tê
Burra d'ouro e casá.

(*Escravos açoitando às milagrosas imagens:*)

– Só já são senhozinhos
Netos d'imperadô:
Tudo preto tá forro;
Cachorro
Tudo branco ficou!

(GEORGE e PEDRO, *liberdade-libertinagem:*)

– Tendo nós cofres públicos,
Livre-se a escravidão!
Comam ratos aos gatos!
Pilatus
Disse, lavando a mão.

[...]

---

[31] "Percisa" (forma popular) e não "precisa", como corrigiram (erradamente) os irmãos Campos. Exemplo de metátese.

(*Ministro português vendendo títulos de honra a brasileiros que não têm:*)

– Quem de coito danado
Não dirá que vens tu?
Moeda falsa és, esturro
    Caturro,
De excelência tatu!

[...]

(D. JOÃO VI, *escrevendo a seu filho:*)

Pedro (credo! que sustos!)
Se há de ao reino empalmar
Algum aventureiro,
    O primeiro
Sejas... toca a coroar!

(*1º Patriarca:*)

– Quem que faz fraca gente,
Calabar-Camarão?[32]
Ou santelmos delírios,
    Ou sírios
Das gargantas do Cão?

---

[32] O poeta junta duas figuras antípodas do nosso período colonial, durante a guerra contra os holandeses, no século XVII: Calabar, considerado traidor, e Filipe Camarão, herói.

(*2º Patriarca:*)

– Brônzeo está no cavalo
Pedro, que é fundador;
Ê! ê! ê! Tiradentes,
    Sem dentes,
Não tem onde se pôr!

(O GUESA, *rodando:*)

– Eu nasci no deserto,
Sob o sol do Equador:
As saudades do mundo,
    Do mundo...
Diabos levem tal dor!

DO CANTO DÉCIMO

(1873-188...)

[...]

Vinde a New-York, onde há lugar pra todos,
Pátria, se não esquecimento, – crença,
Descanso, e o perdoar da dor imensa,   *O poeta louva*
E o renascer-se à luta dos denodos.   *Nova York.*

A República é a Pátria, é a harmonia:
Vós, que da religião ou da realeza
Sentis-vos à pressão de barbaria,
Vinde! A filha do Deus não vos despreza.

– E forma-se a corrente em Castle-Garden,
Que vem de todo o mundo, dos que asilo
Já não tinham, a quem os peitos ardem
De espr'ança nova ao céu novo, tranquilo.[33]

Sede benvindos! Há lugar pra todos
E lar e luz e liberdade e Deus –
E a cada filho em dor, miséria e apodo
Abre a formosa Mãe os braços seus!

---

[33] Síncope: "espr'ança" por esperança.

A Espartana gentil! da liberdade
Amostra os horizontes aos escravos;
Diz aos que eram cobardes 'sejam bravos!'
Bendiz a todos e enche-os de saudade.

[...]

Honesto o coração da natureza
Com a selvagem crença d'alma-Deus,
Tal do mundo através passava o Guesa   *O Guesa chega a*
Para as montanhas, qual o Prometeus: *Nova York...*

Apaga-se a luz dos pirilampos,
Desalentasse-lhe a última esperança,
Perdesse o encanto a solidão dos campos,
Qual um que no trabalho só descansa,

Ele ia. Ora, em New-York; e penetrava
Os templos, os salões, os *bars*, os lares,
Que a lira de verdade, que vibrava,
Não mentisse e mas levantasse os mares.

[...]

– Mas no outro dia cedo, a praça, o *stock*,
sempre acesas crateras do negócio,
o assassínio, o audaz roubo, o divórcio,   *... e descobre o*
ao *smart* ianque astuto, abre New-York.   *inferno financeiro.*

[...]

[...]. Pára o Guesa perlustrando.

Bebe à taberna às sombras da muralha,
Malsólida talvez, de Jericó,
Defesa contra o índio – e s'escangalha
De Wall-Street ao ruir toda New-York:

(O GUESA tendo atravessado as ANTILHAS, crê-se livre dos XEQUES e penetra em NEW-YORK-STOCK-EXCHANGE;[34] a Voz, dos desertos:)

– Orfeu, Dante, Eneias, ao inferno[35]
Desceram; o Inca há de subir...
= *Ogni sp'ranza lasciate,*
Che entrate...
– Swedenborg, há mundo por vir?

(Xeques surgindo risonhos e disfarçados em Railroad-*managers*, Stockjobbers, Pimpbrokers etc., etc., apregoando:)[36]

---

[34] Xeques: sacerdotes encarregados do sacrifício do Guesa; *Stock Exchange*: Bolsa de Valores.
[35] Orfeu: personagem mítico grego, deus da poesia e da música; Dante Alighieri (Florença, 1265-1321), autor de *A divina comédia*; Eneias, personagem do poema *Eneida*, de Virgílio. Verso famoso do Canto III da *Divina comédia*, inscrito à porta do Inferno, aqui ligeiramente modificado por Sousândrade; no original: *Lasciate ogni speranza voi ch'entrate* ("Abandonai toda a esperança, ó vós que entrais!"). Swedenborg (1688-1772), místico sueco que dizia ver mundos povoados de entidades espirituais. Influenciou românticos e simbolistas.
[36] *Railroad-managers, Stockjobbers, Pimpbrokers*: respectivamente, empresários de estrada de ferro, especuladores de ações, corretores-alcoviteiros (apud Campos, 1966).

– Harlem! Erie! Central! Pensilvânia!
= Milhão! Cem milhões!! Mil milhões!!!
– Young é Grant! Jackson,
Atkinson!
Vanderbilts, Jay Goulds, anões![37]

(A Voz mal ouvida dentre a trovoada:)

– Fulton's *Folly*, Codezo's *Forgery*...[38]
Fraude é o clamor da nação!
Não entendem odes
Railroads;
Paralela Wall-Street à Chattam...[39]

(Corretores continuando:)

– Pigmeus, Brown Brothers! Bennett! Stewart!
Rotschild e o ruivalho d'Astor!![40]
= Gigantes, escravos
Se os cravos
Jorram luz, se finda-se a dor!...

---

[37] Personagens da vida política e econômica da época nos EUA: Young, empresário; Grant, general vencedor dos sulistas na Guerra da Secessão; Jackson, presidente norte-americano; Atkinson, provável corretor da Bolsa; Vanderbilt, magnata norte-americano, dono das estradas de ferro Harlem e New York Central; Jay Gould, especulador financeiro, que comprou certa vez todo o ouro de Nova York, causando pânico no mercado (apud Campos, op. cit.).
[38] *Fulton's Folly*: literalmente, bobagem do Fulton, o homem que primeiro empregou o vapor à navegação; *Codezo's Forgery*: trambique do Codezo, contraventor de origem cubana, que atuava na Bolsa.
[39] *Chattam*: rua de Nova York.
[40] *Brown Brothers*: casa bancária da cidade; Bennet, jornalista fundador do *The New York Herald*; Stewart, Rotschild e Astor: três das maiores fortunas dos EUA da época.

(NORRIS, *Attorney*; CODEZO, *inventor*; YOUNG, *Esq.*, *manager*; ATKINSON, *agent*; ARMSTRONG, *agent*; RHODES, *agent*; P. OFFMAN & VOLDO, *agents*; algazarra, miragem; ao meio, o GUESA:)

– Dois! Três! Cinco mil! Se jogardes,
Senhor, tereis cinco milhões!
= Ganhou! ha! haa! haaa!
– Hurrah! ah !...
– Sumiram... seriam ladrões?...[41]

[...]

([Dois renegados, católico, protestante] em LIEDERKRANZ folgando à confissão:)[42]

– Abracadabra! Abracadabra!
Maomé melhor que Jesus
Entende a mulher
E não quer
Nos céus quem da terra é a cruz!

---

[41] Com os vários personagens apontados na legenda, disputando freneticamente as ofertas do mercado de ações, o autor nesta estrofe sugere bem o clima alucinado do inferno financeiro de Nova York. No meio deles, se encontra, assistindo a tudo, como uma miragem, a figura do Guesa/poeta.

[42] A partir desta estrofe o autor desenvolve imagens que misturam criticamente a moral cristã puritana com os valores do capitalismo americano; uma antecipação (poética), como já assinalamos no Prefácio, do tema desenvolvido por Max Weber, no seu clássico *A ética protestante e o espírito do capitalismo*.

(Muitos libertadores da consciência, católica, protestante, unitária; CONFÚCIO:)

– Ó princ'pe Bismarck, aos Jesuítas!⁴³
= São Bartolomeu aos Maçons!
– Aos tais divindades
Trindades!
= Fu! Cristofobia em Mórmons!

(SAMARITANAS pretas vendendo ponche no templo de SION:)

– *Halloo!* Fonte esta é de Betsaida!⁴⁴
O gado aí bebeu de Jacó!
Senhores Jesus,
A este jus
Noé temperava o gogó!

(HIEROSOLIMITANAS brancas vendendo 'beijos a 25 *cents*, nas *church fairs*':)

– África borrou toda a América,
Qual guaribas ao caçador;
Muito o Índio queria:
Honraria
E Deus de Las Casas e amor!⁴⁵

---

⁴³ Síncope: "princ'pe" por príncipe.
⁴⁴ Betsaida: cidade da Palestina.
⁴⁵ Referência a Bartolomeu de Las Casas (Sevilha,1474-Madri,1566), frade dominicano que se destacou pela defesa dos índios, denunciando massacres e atrocidades infligidas a eles pelo invasor espanhol.

(TILTON gemendo e reclamando $100,000 por *damages* à sua Honra-MINERVA:)[46]

– Todos têm miséria de todos,
Stock 'xchanges, Oranges, Ô! Ô!
Miséria têm todos:
São doidos,
Se amostram; sábios, *if do not.*

(Fiéis esposas encomendando preces por seus maridos que só tem gosto pelo uísque e a morfina; MOODY:)

– Ai! todo o Hipódromo os lamente!
Rezai, Mister Moody, pros réus!...[47]
= Tempr'ança, cães-gozos
Leprosos!
Sois que nem conversos Judeus!

(*Pretty-girls* com a BÍBLIA debaixo do braço:)

– Testamento antigo tem tudo!
O Novo quer santas de pau...
Com o *Book* jubilante[48]

---

[46] Referência a Theodore Tilton (1835-1907), jornalista norte-americano que se notabilizou por acusar o reverendo Beecher de manter relações "ilícitas" com a esposa. Tilton também moveu processo contra o reverendo, exigindo cem mil dólares de indenização por danos morais (apud Campos, op. cit.).
[47] Referência ao missionário Dwight Moody (1837-1899). Com os seus comícios religiosos, teria convertido cerca de um milhão de pessoas (apud Campos, op. cit.).
[48] *Book*: a Bíblia.

Adelante,
City bell's, ao *lager anyhow!*⁴⁹

(DUQUE ALEXIS recebendo *freeloves* missivas; BRIGHAM:)

– De quantas cabeças se forma
Um grande rebanho mormão?
= De ovelha bonita
Levita,
Por vezes s'inverte a equação.

(*Pretty-girl* moribunda em NEWARK *'stupefied with liquor* nos bosques e visitada por vinte e três' sátiros:)

– Ui! Legião, Vênus-Pandemos!
Picnic, Ó! Cristãos de Belial!
Paleontologia!
Heresia
Preadã! Gábaa protobestial!⁵⁰

---

⁴⁹ *City bell's*: Para os Campos, a expressão se refere "às belezas femininas da cidade" (City belles). Parece-me outro o sentido. O poeta ironicamente nos diz que a bonita garota (*pretty girl*), com a Bíblia na mão, ao chamado do sino da cidade (*City bell's*; a igreja), vai em frente (*adelante*; esp.) à cerveja/ria (ao *lager anyhow*), de qualquer modo.

⁵⁰ A estrofe é composta por imagens míticas e religiosas associadas: Vênus: deusa grega do amor, deusa de todos ("Pandemos"); Belial: chefe dos demônios; Gábaa: cidade bíblica da palestina, da tribo de Benjamin, onde se deu a violação de uma mulher levita, causando guerra entre as tribos da região. A garota da legenda provavelmente foi embriagada e violentada por 23 rapazes ("sátiros").

(Hinos de SANKEY chegando pelo telefone a STEINWAY HALL:)[51]

— *O Lord! God! Almighty Policeman!*
O mundo é ladrão, beberrão,
Burglar e o vil vândalo
Escândalo
Freelove... e 'í vem tudo ao sermão![52]

[...]

(Em SING-SING)[53]

— Risadas de raposas bêbadas;
Cantos de loucos na prisão;
Desoras da noite
O açoite;
Dia alto, safado o carão...

[...]

(V. HUGO e P. VISGUEIRO)[54]

---

[51] Referência a Ira Sankey (1840-1908), pregador e compositor norte-americano; Steinway Hall: salão da fábrica de pianos Steinway & Sons.

[52] Novamente o poeta recorre a imagens religiosas para ecoar com ironia escândalos da vida civil norte-americana. Nesta estrofe, o primeiro verso em inglês significa: "Ó Senhor! Deus! Todo-Poderoso Policial!". *Burglar*: ladrão, arrombador; *Freelove*: mulher de vida livre.

[53] Famoso presídio, fundado em 1826, na cidade, hoje, de Ossining, nos EUA.

[54] Referência irônica a dois personagens antípodas: Victor Hugo (1802-1885), famoso poeta francês romântico, e Pinto Visgueiro, magistrado, membro do Tribunal da Relação do Maranhão, que matou, em 1873, uma mulher, esquartejando seu corpo e ocultando-o em um baú. Quando do crime, pleiteava a aposentadoria sob a alegação de que estaria surdo. Foi condenado a 20 anos e morreu na prisão (apud Campos, op. cit.).

– Ser cego, ser surdo, ser mudo,
Magistrado, eis a perfeição...
= A cada um perdido
Sentido,
S'enche, Poeta, o teu coração!

(O GUESA escrevendo *personals* no HERALD e consultando as SIBILAS de NEW YORK:)[55]

– *Young-Lady* da Quinta Avenida,
Celestialmente a flertar
Na igreja da Graça...
– Tal caça
Só mata-te *almighty-dolár*.

[...]

(Democratas e Republicanos:)

– É de Tilden a maioria;
É de Hayes a inauguração![56]

---

[55] O poeta volta-se para o seu personagem e para si mesmo, escrevendo pequenos anúncios de caráter pessoal, geralmente em busca de parceiro(a), os *personals*, no importante jornal *The New York Herald*, fundado por James Bennet, em 1835. Na estrofe, o autor nos diz, irônico, que a conquista da jovem e celestial *lady* só é possível com o todo-poderoso dólar, isto é, com muita grana.

[56] Referência aos políticos Samuel Tilden (1814-1886) e Rutheford Hayes (1822-1893). Ambos disputaram a presidência dos EUA; o primeiro, foi indicado pelo Partido Democrata; o segundo, pelo Partido Republicano. A apuração dos votos em alguns estados foi contestada. O Congresso criou um tribunal extraconstitucional para dirimir as dúvidas e decidir a contenda; o candidato eleito foi Hayes (apud Campos, op. cit.).

= Aquém, carbonário
Operário;
Além, o deus-uno Mammão![57]

(Comuna:)

– *Strike!* do Atlântico ao Pacífico!
= Aos Bancos! Ao Erário-tutor!
– *Strike*, Arthur! Canalha
Esbandalha!
Queima, assalta! (Reino de horror!)[58]

[...]

(Salvados passageiros desembarcando do ATLÂNTICO; HERALD deslealmente desafinando a imperial 'ouverture':)

---

[57] Mammão: corruptela de Mammon, palavra aramaica que significa crédito, riqueza, dinheiro acumulado. Para Jesus, representaria até mesmo o demônio, quando afirmou: "Ninguém pode servir a dois senhores. Não se pode servir a Deus e a Mammon". As duas últimas estrofes de "O inferno de Wall Street" findam justamente com a palavra "Mammumma, mammumma, Mammão", sugerindo a força desse "deus-uno" para os especuladores financeiros do capitalismo norte-americano.

[58] A legenda alude à Comuna de Paris de 1871, episódio que envolveu a tomada do Estado pelos operários franceses durante cinco dias, com a abolição do exército, da polícia e de todas as instituições da classe dirigente, incluindo "o poder dos padres". Seguiu-se violenta repressão do Estado através do exército, que massacrou os insurgentes e atirou indiscriminadamente nos civis, causando a morte de cerca de 30.000 pessoas, tendo sido aprisionadas 38.000 e 7.000 deportadas. *Strike*: greve. Referência a Peter Arthur (1831-1903), sindicalista norte-americano que liderou várias greves bem-sucedidas.

– Agora o Brasil é república;⁵⁹
O Trono no Hevilius caiu...
But we picked it up!
– Em farrapo
'Bandeira estrelada' se viu.

(THE SUN:)

– Agora a União é império;⁶⁰
Dom Pedro é nosso Imperador:
'Nominate him President';
Resident...
Que povo ame muito a Senhor.

[...]

(O GUESA:)

– Aos Gênios teceram-se as c'roas,⁶¹
Ou loiro ou o espinho a pungir:

---

⁵⁹ A partir desta estrofe e pelas dez seguintes, o poeta refere-se, sempre de maneira irônico-crítica, à chegada do Imperador D. Pedro II aos EUA, para participar da Exposição do Centenário da Independência Norte-Americana, em 1876. Aproveita um episódio ocorrido no navio ("Hevilius"), em que o imperador caiu da cadeira ("O Trono caiu..."), para dizer que "agora o Brasil é república". *But we picked it up!*: "mas nós (americanos) o levantamos!". "Bandeira estrelada": a bandeira norte-americana.

⁶⁰ Referência ao jornal nova-iorquino *The Sun*, concorrente do *The New York Herald*, mencionado na legenda anterior. *The Sun* havia indicado, talvez ironicamente, D. Pedro para a presidência dos EUA (*Nominate him President*).

⁶¹ Sousândrade, na voz do Guesa, contrapõe a coroa dos imperadores à dos gênios, como ele provavelmente se sentia.

Sagram... só martírios!
Aos lírios,
Só o ar puro dá-lhes sorrir.

[...]

(Comissários em FILADÉLFIA expondo a CARIOCA de PEDRO-
-AMÉRICO; QUAKERS admirados:)[62]

– Antedilúvio 'plesiosaurus',
Indústria nossa na Exposição...
= Oh Ponza! Que coxas!
Que trouxas!
De azul vidro é o sol patagão!

[...]

(Coro dos contentes, TIMBIRAS, TAMOIOS, COLOMBOS,[63] etc.,
etc.; música de C. GOMES a compasso da sandália de EMPÉDOCLES:)

---

[62] Esta estrofe se refere à exposição na Feira do quadro "A carioca", de Pedro Américo, que teria causado estupor aos puritanos *quakers* pela nudez das formas femininas ("que coxas!"). Ponza: a maior das ilhas pontinas italianas, com 7,3 km quadrados, famosa pela praia chamada Chiaia di Luna (Meia-lua), parecida pela curvatura com a Baía da Guanabara. Pode ser também referência, segundo os Campos, a Giuseppe Lodovico Ponza, inventor da cromoterapia.

[63] Referência ("Coro dos contentes") aos poetas Gonçalves Dias (*Os Timbiras*), Gonçalves de Magalhães (*Confederação dos Tamoios*), Araújo Porto-Alegre (*Colombo*) e ao compositor Carlos Gomes, artistas protegidos pelo imperador D. Pedro II. Empédocles: filósofo grego que elaborou a primeira síntese filosófica das coisas do mundo, como resultado da fusão dos quatro elementos: terra, fogo, ar e água. Diz a lenda que se suicidou atirando-se à cratera do vulcão Etna, para provar que era um deus. O vulcão expeliu as sandálias de bronze do pensador, desmascarando assim a sua pretensão.

– 'A mui poderosa e mui alta
Majestad do Grande Senhor'
Real! = 'Semideus'!
– São Mateus!
= Prostou-se o Himalaia, o Tabor!

[...]

(*Freeloves* meditando nas *free-burglars* belas artes:)

– Roma, começou pelo roubo;
New York rouba a nunca acabar,
O Rio, *antropófago;*
= *Ofiófago*
Newark... tudo pernas pra o ar...

(W. CHILDS, A.M. elegiando sobre o filho de SARAH-STEVENS:)[64]

– Por sobre o fraco a morte esvoaça...
Chicago em chama, em chama Boston,
De amor Hell-Gate é esta frol...
Que John Caracol,

---

[64] Referência a William Childs (1829-1894), filantropo e editor norte-americano, lançou em Filadélfia o jornal *Public Ledger*, de ampla circulação; A.M. deve ser seu título de *Master of Arts*. O casal Sarah-Stevens não foi identificado, assim como John Caracol, citado na estrofe. Quanto a Gil, talvez o poeta aluda a Joam Gil, contra quem existe um epigrama de Brito Pestana no *Cancioneiro*, de Garcia de Resende (apud Campos, op. cit.). *Hell-Gate*: literalmente, portão do inferno; pequena enseada no East River, onde ocorriam com frequência naufrágios. *Court-hall*: Corte de Justiça. Observar que o poeta saiu nesta estrofe do esquema tradicional, adicionando dois versos de oito sílabas, mas conservando a rima emparelhada.

Chuva e sol,
Gil-engendra em gil rouxinol...
Civilização... ão!... *Court-hall!*

(FLECHTER historiando com chaves de São-Pedro e pedras de São-Paulo:)⁶⁵

– Brasil, é braseiro de rosas;
A União, estados de amor:
Floral... subespinhos
Daninhos;
Espinhal... subflor e mais flor.

[...]

(Episcopais com a igreja cheia de fiéis e fazendo bancarrota:)

– Reconstruiriam-se templos
Com tão vasta congregação
Num dia... ai dolares!...
E altares,
Cruz, tudo ao credor, ao leilão!

(Católicos temendo a glória da bancarrota, fecham as portas aos *beggars:*)

– Se não pagam *cash* 'i não entram!
Em latim Missa, o Papa e os Céus!

---

⁶⁵ Referência a J.C. Flechter, historiador norte-americano do século XIX. Escreveu com Daniel Kidder o livro *Brazil and the Brazilians* (1857), que se tornou muito popular nos EUA (apud Campos, op. cit.).

77

Qual confessionários!...
Frascários
Só queimados dão o que é de Deus!

[...]

(Fogueiros da fornalha reduzindo o pecado original a fórmulas algébricas e à 'NOVA FÉ' ('moral rápido trânsito') o 'IN GOD WE TRUST' dos cinco *cents:*)

— Indústria, ouro, prática *vida,*
Go ahead! Oh, qual coração!...
A este ar vai vital
A espiral,
Brisa ou flato ou Bull-furacão![66]

[...]

(Ao fragor de JERICÓ encalha HENDRICK-HUDSON; os ÍNDIOS vendem aos HOLANDESES a ilha de MANHATTAN malassombrada:)[67]

---

[66] Notar como o poeta, mais uma vez, associa ironicamente a fé religiosa dos norte-americanos à fé no dinheiro, desde a legenda da estrofe. Bull-furacão: Bull (ing.), touro, símbolo da Bolsa de Valores de Nova York. Bull-furacão: turbulência do mercado financeiro.

[67] Nesta estrofe, o poeta relembra a descoberta da ilha pelo navegante Hudson (que emprestaria depois seu nome ao rio que ali corre), que chegou em uma embarcação chamada "Meia-lua", em 1609. Também recorda a venda da ilha aos holandeses pelos índios por 60 *guilders*, uma pechincha, em 1626. *Hoogh moghende Heeren* (holandês seiscentista): "Mui poderosos Senhores". *Tappan-Zee*: nome dado pelos holandeses à baía formada pelo rio Hudson (apud Campos, op. cit.). *Yea*: forma arcaica de *Yes*. O escritor sugere, assim, que desde o começo Manhattan foi palco de negociações escusas ou fraudulentas.

– A Meia-Lua, proa pra China,
Está crenando em Tappan-Zee...
Hoog moghende Heeren...
Pois tirem
Por *guildens* sessenta... *Yea! Yea!*

[...]

(*Old Pará Pond* zeloso da sua sapucaia; a Voz:)[68]

– Borracha... tanto! Alma-cachaça...
Tanto! Tanto... cada mulher!
De qual natureza
É o Guesa?...
= Deu mais à 'Brief' que Webstér!...

[...]

(Sentimentais *doctoras* carbonizando o coração do GUESA:)

– Que escorra sangue não veneno...
= Um 'morango'! – Oh!... todo ouro e dor...
= Fossilpetrifique!
– Ai... não fique
Sem glória o Inca e o astro sem flor...

[...]

---

[68] Esta estrofe já foi comentada por nós no início e na parte VI do Prefácio a este volume. Tanto ela quanto as três seguintes falam do Guesa, do autor e/ou do poema.

(*Gentlemen* [pelotiqueiros] na catástrofe; HURIS lenços-verdes
enxugando os olhos-mortos de SANSÃO:)⁶⁹

– Do Guesa a Farsália explorada,
Num *'corner'* espremido o autor,
Dá oirão! = A musa
Cafusa
Dalila traiu-o... que horror!

(O GUESA sorteado em CITY-HALL; CANDIDE-VOLTAIRE:)⁷⁰

– Jurado de todas Américas,
Qual Colombo sou cidadão.
= Bíblio... com Jacó e o café
Dos 'Cânticos';...fé;...
Opor à ratoeira a razão;...
E julgar à vivissecção!

[...]

---

[69] Huris: virgens do paraíso islâmico; Sansão: personagem bíblico dotado de extraordinária força e que teria sido traído pela mulher, Dalila. Farsália: Poema épico de Lucano (séc. I). Este teria sido coagido a se suicidar por Nero ao participar de uma conspiração contra o imperador (apud Campos, op. cit.). *Corner*: esquina ou canto de parede. A musa do Guesa/Sousândrade seria "cafusa", multirracial e brasileira, fugindo do estereótipo da musa romântica branca e pálida.
[70] Referência ao personagem *Candide*, do romance do mesmo nome, de Voltaire, de 1759. Caracterizou-se o personagem por ser um incurável otimista. O penúltimo verso sugere a visão crítica de Sousândrade (inspirada no mesmo Voltaire): o emprego da razão contra as armadilhas ou aparências do mundo.

(Áureos ZACS escovados noutros práticos mundos:)⁷¹

– Banindo os poetas, da 'República'
Coroava-os com flores, Platão.
= Yunca-ianque os depena
 Sem pena,
E zanga-se à história, pois não!

[...]

(Práticos mistificadores fazendo seu negócio; *self-help* ATA-TROLL:)⁷²

– Que indefeso caia o estrangeiro,
Que a usura não paga, o pagão!⁷³
= Orelha ursos tragam,

---

⁷¹ *Zac*: Chefe indígena dos muíscas, na Colômbia. Segunda a lenda, recobria-se de ouro em pó, anualmente, à margem do lago Guatavita, em homenagem ao Deus Sol (apud Campos, op. cit.). *A república*: obra famosa de Platão, onde o personagem Sócrates propugna o afastamento da cidade dos poetas, pois seriam imitadores em terceiro grau da realidade, distanciados da verdade e do bem. No diálogo do Livro X da obra, entretanto, concede lugar à poesia desde que seja "agradável, mas também útil ao governo dos Estados e à vida humana". *Yunca*: nome dos indígenas que precederam os incas.

⁷² *Ata-Troll*: urso personagem de um poema satírico de Heine, publicado em 1847, que tinha a faculdade de mudar de forma e cor, mas também de personalidade: ora representava o burguês filisteu, ora o poeta politizado da Alemanha de então e que seria perseguido e morto depois (apud Campos, op. cit.).

⁷³ Tema da usura, que será desenvolvido décadas mais tarde por Ezra Pound, nos seus *Cantos*.

Se afagam,
Mammumma, mammumma, Mammão.⁷⁴

[...]

Mas, voltemos os olhos desgostosos
Deste circ'lo: e, porque é na liberdade⁷⁵
(Qual dela à luz os céus são mais formosos)
Mais tenebroso, talvez, – e à cristandade.

É na terra da pátria hospitaleira,
Do Mundo Novo da candura e o riso
Qual de crianças, qual de paraíso,
Deus, que ao mal entristece o coração! *O poeta medita sobre*
os males da especulação
Oh! Como é triste da moral primeira, *no Novo Mundo...*
Da República ao seio a corrupção!
Ao seio de pureza – se dissera
De Cristo o corpo em decomposição!

Tende mãos, impios! Vós, que a liberdade
Traís à *especulação* levando-a insana!
Concentrai-a antes dentro, na verdade
Do lar e da alma, ativa e soberana!

Liberdade das forças invisíveis,
Que nenhum poder vence – a quem de escravo
Se humilha esse Proteus por quem terríveis
Vos humilhais: é pois ele o só bravo?...

---

⁷⁴ Ver nota 57.
⁷⁵ Síncope: "circ'lo" por círculo.

Ouro! Ouro! – Ninguém condene o amigo ... *e elogia o poder*
Único seu na sociedade hodierna, *do ouro.*
Que dá-lhe o pão, o amor, o leito, o abrigo
E o templo onde se adora a Voz eterna!

Respeitai o vosso ouro, o grande arcano
Que é ele, o mais profundo e precioso
Sangue do coração sagrado e humano
Da terra, vossa mãe! O generoso

Mediador da luz e dos progressos,
Juiz supremo dos homens: vede-os, nobres
Dele às auras e túmidos possessos,
Ou vis nojentos quando dele pobres;

Vede a virtude, vede a honestidade
Que por ele trabalha, como fica
Poderosa e sublime de verdade!
A alma é grande e mais ele a magnifica.

A alma é torpe, e mais torpe ele a revela;
Por ele prostitui-se... a prostituta;
Afina-se por ele e mais, mais bela,
A bela e formossíssima impoluta.

Qual 'o melhor engaste do diamante',
O símbolo social, ele a alegria
Vê-se criar, voltar o amado ao amante
E o foragido à pátria que o perdia.

Serve ao vício, destruindo o vicioso;
Serve na ação, na força ao forte, ao justo;
No delírio, porém, toma-o formoso,
Conflagra o astro e carvão deixa-o combusto.

[...]

Defende o casto e o puro; ele defende
A inocência, que existe; dá ao velho
Néctar da mocidade; a ele se vende
O que é vendível, e inda... amostra o espelho.

Sem ele, volta o mundo à barbaria;
Corrente em que se volve a humana vaga,
Das nações equilíbrio – se diria
Que a Providência o enviou, lume que afaga

Dos olhos do homem a visão; ao ouvido
Som de clarim, que o estimula e brada
'A civilização!' a treva ao olvido
Quando ao ouro, da luz abriu-se a estrada!

LIRAS PERDIDAS
(1970)

SOPA, ASSADO E SOBREMESA

Sopa, uma gota de orvalho
sobre uma folha de acácia;
assado, uma asa de borboleta
dourada pelo raio do sol;
sobremesa, uma pétala de rosa
meio-roída por uma abelha.
Catulle Mendès ("Banquete das fadas")

Bebo, bebo a sopa-orvalhos[76]
Em prato de açucenal;
Colheradas beijos-hinos!
    Hinos! hinos! –
– Comi mal-assada, em sal,

Asa bela ao sol dourada,
– E o doce virgíneo mel
Sobremesa-paraíso
    Riso! riso!
No dedo lhe pondo o anel.

---

[76] Notar neste poema a presença de vários compósitos metafóricos, uma das marcas estilísticas do poeta.

– Ai o prado de alva acácia!
Brando – sonoro bemol!
– Ai grelha a chiar do assado
        Tão dourado!
– Ai sobremesa do sol!

– Sala de jantar, natura,
Roseirais; relvas, abril,
Cantos, encantos, paraíso,
        Riso, riso,
Onda pura e céus de anil.

– Que as fadas dançando *adiantes*
Com vestes de ouro e de tul:
Em punho as taças-diamantes
Levantem, brindes, ovantes
(Dou o champanha) a Catulle.

ALABASTRO[77]

Eis um vaso de puro alabastro
Que é a imagem de quem longe está,
Que ao noivado meu dera-me um astro
E que encerra um mistério. Sinhá,

Tenho-o sempre florido na mesa
Do trabalho, ou de amor a canção,
Ou rapsódia cantando do Guesa –
Enche-o hoje tua flor-da-Paixão;

Ontem era a do luar, tão amada,
Que fenece do dia ante o albor;
Amanhã – diz tua carta encantada,
Porque vens, que não ponha outra flor.

(1861)

---

[77] Poema vazado em versos eneassílabos anapésticos, com tônicas em 3-6-9. Notar a referência à execução do poema *O Guesa* pelo escritor ("rapsódias cantando do Guesa").

EM MEU PODER[78]

Estás em meu poder. Sou vigilante;
Qual o cão velador guardo a muralha
Do meu rico tesouro:
Venturoso às manhãs do alvo semblante,
Quem das nuvens não teme que aura espalha
Ante o seu astro de ouro?

Quero embeber-me, eu só, no olhar de sombras,
Na solidão da mágica brancura
Me atordoar de amor;
Recostada dos luares nas alfrombas
Toda sonora, o seio teu fulgura
Risonho, abrasador.

Estás em meu poder. Irradiante
Dessa vida de luzes e de estrelas
Quer-te o tirano teu,
De açucenas maviosas, exuberante
De alvor e força – que nas formas belas
Exista o gênio seu.

(1858)

---

[78] A estrutura deste poema é bastante simétrica: cada estrofe é composta de um dístico de dez sílabas seguidos de um de seis, com rimas em *abcabc*. A esse tipo de composição dá-se o nome de "silva", forma antes utilizada por Gregório de Mattos e Botelho de Oliveira, este no poemeto *A ilha da maré* (1705).

QUI SUM[79]

*Par droit de conquête et
par droit de naissance.*[80]
Voltaire

Sou depredador das graças,
Rapinário das estrelas:
Onde florejem as belas,
Eu sou cidadão dali:
Aos meus pés quero o ouro em ondas,
Príncipe eu sou do Levante,
Tenho direito ao diamante,
Tenho-o à esmeralda, ao rubi:

Tenho-o às pérolas algentes,
À luz, ao fogo, às centelhas;
Vivo do mel das abelhas,
Vivo da glória e do amor:
Porque sou eu que em menino

---

[79] *Qui sum* (lat.): Quem sou; poema provavelmente escrito durante a juventude do poeta, a tirar pelas imagens de onipotência ("Sou o Americano que derriba imperadores" etc.). Note-se a referência autobiográfica de ser órfão, que "em menino [sofreu] todas as misérias", mas também a identificação imaginária com o mito do Guesa, na estrofe final.

[80] "Por direito de conquista e por direito de nascença."

Sofri todas as misérias,
E dos céus chovem as etéreas
Bênçãos ao órfão de dor.

E sabereis, meus senhores,
Que é do grande sofrimento
Que se forma o sentimento
A que chamais sedução:
Nada fez, senão divino
Ser, o meigo da piedade,
Qual quem dos céus tem saudade.
– E como o culpar, então?

Eu sou o Americano sem títulos
Que derriba imperadores;
Sou o Guesa, e para amores
Tenho o meu do sol.

ESPERANDO[81]

Junto ao fogo de áureas brasas
Esperar – que solidão!
A temperatura em zero
Abaixou, co'o desespero
De um coração traído.

Nos ares fulgem as lâminas
Da neve e a brisa a cortar;
Cantam os pobres da rua,
Que pedindo a vida sua
Mãos estendem a chorar.

Certo, que ninguém lhes ouve
Campo importuno de dor;
Ou porque nos *drawingrooms*[82]
Soam, da lareira aos lumes,
Canções melhores de amor.

---

[81] Este é um dos raros poemas de Sousândrade a registrar o rigoroso inverno de Nova York e os miseráveis nas ruas, em contraste com o fato de ter sempre cantado o sol (ver, por exemplo, a última estrofe do poema "Qui sum" e o poema "Ao sol", em *Harpas selvagens*), os financistas e ricos em "O inferno de Wall Street".

[82] *Drawingroom* (ing.): sala de visita ampla e confortável dos casarões antigos. Observar a rima exótica entre esta palavra e "lumes", do verso seguinte.

Frias cinzas na lareira!
Vivas brasas de rubi –
Oh Saudade! e eu friorento,
Contigo meu pensamento
E sem ouvires?... ouvi!

E os pobres sempre cantando –
Miseráveis eles? não!
Lutam contra o céu selvagem;
E ela por mim sem coragem
Talvez, dando o coração...

Quase a bramir o ciúme,
Batem – oh! a doce voz!...
Crês? há mais profundo inferno
Que o dos pobres! no governo,
De Deus, de Deus, que é por nós.

De Prometeus tive o fígado,
De Aquiles o calcanhar:
Pela humanidade... o abutre!
Pela guerra... o eterno amar.

FORGET ME NOT

Tu, ouve-me, inofensa,
Forget-me-not – a flor[83]
Que deste-me, recorda-me...
Que magnetismo-amor!

Que desnorteadas vagas,
Por mãos que eu reconheço,
Formosas *merry-wives*[84]
E um mau Jack e revesso!

E as doces Josefinas,
E as rubras dálias belas,
E as noites das insônias –
Ai quem dormir com elas!

---

[83] Corresponde literalmente à flor "não-te-esqueças-de-mim" ou miosótis.
[84] Provável referência às senhoras (comadres) Ford e Page, da comédia de Shakespeare *The merry wives of Windsor* (1602), pelas quais o personagem Falstaff se apaixona.

Burglars! E envenenado[85]
Eis-me revolto, triste,
O oásis, o paraíso
Perdidos meus, bem viste.

X, P, T, O & Co. –[86]
Que firma infernal, *may!*[87]
Então, viu-se a Josefo
Cumprir do Egito a lei.

---

[85] *Burglars*: arrombadores, ladrões, larápios. O poeta emprega diversas vezes a palavra em *O Guesa* (ver nota 52), bem como em outros poemas.

[86] XPTO: abreviatura medieval de Cristo; também pode significar algo excelente. Há ironia do autor ao lhe dar sentido comercial.

[87] *May* (ing.): coloquialismo que parece significar "talvez"; *may (be)*. O poeta força a mão aqui para criar a rima com "lei" do último verso.

SEA-SHORE BREAKFAST[88]

Lulu linda, tu mandas que espumem
Nossos copos de vinho dourado?
Antes – que dos sepulcros exumem
Quem, por nós, tem a eles baixado!

....
....

Eu e tu juntos dela – felizes
De esperança raiavam-lhe os dias:
Sei de ti quanto as doces meiguices
Podem! sê-lhe dos céus alegrias![89]

---

[88] *Sea-shore breakfast*: café da manhã à beira-mar. Observar que os versos são eneassílabos anapésticos. As referências a "sepulcros" e "vampiros", em contraste com o brinde do "vinho dourado" e "alegrias do céu" dão ao poema um clima irresistível de humor algo trágico, que lembra algumas cenas de Cesário Verde.

[89] Observar o emprego inusitado do verbo ser como transitivo indireto.

"Morning-glory" – e as nuvens obumbram.[90]
Oh! os *burglars* que ao faro nos veem![91]
Nossos dons aos vampiros deslumbram –
Oh, são eles... mas donde? Mas quem?...

---

[90] *Morning-glory*: tipo de flor (ipomoea violácea) ornamental, muito comum no México central e sudeste; sua semente negra contém LSA, substância alucinógena. Obumbrar: ensombrear, escurecer.

[91] Na edição preparada por Williams & Moraes da *Poesia e prosa reunidas de Sousândrade* (2003), este verso termina por "vêm" e não "veem". Optamos por esta última forma verbal por duas razões: 1ª) faz mais sentido ("os *burglars* nos veem"); e 2ª) consta, na reprodução fac-similar do manuscrito do poema, nesta mesma edição (p. 389), "veem" e não "vem".

HARPAS SELVAGENS
(2ª ed., 1874)

NO MARANHÃO

Eis o céu todo anilado,
Vivo-trêmulo abrolhado
De astro inúmero! Eis o prado,
Prado em flor, que eterno ri!
Andei as terras estranhas,
Do amor e da guerra às sanhas –
E sempre nestas montanhas
Errando minha alma aqui!

Volto à cândida capela,
Tão cheia de luz, tão bela,
Onde as salva a donzela
Canta, e olha ao lavrador;
Volto aos campos da harmonia,
Vaga infinda poesia,
Doce inata simpatia
Da natureza de amor!

Aqui as virgens florestas
Das fadigas e das sestas,
E o meu passado de festas,
E o meu futuro aqui estão...
Eis o horizonte de palmas,
O grande deserto e as calmas,
Que são como as nossas almas
Em seu ardente verão!

Pelas tabas e choupana
Do ermo ao lado da savana,
Da coberta americana
Se erguendo o fumo espiral;
   E as velinhas cintilantes
   Ao longe às luzes levantes,
   E em torno ao mar de diamantes
   Selvagem crespo areal,

Esqueço, em mármor lavrado
Arrogante, alevantado
Como figuras do fado
Por nuvens metendo a coma,
   Paris, o incêndio da terra;
   O gelo, altiva Inglaterra;
   E o mundo, que desenterra
   Sagrada, ruinosa Roma!

AO SOL – HMEPAΣ – POΔON[92]

A Mr. L. Delestrée

Tímida, bela virgem, taciturna
Pelos campos, nas zonas solitárias
Do mar, no isolamento azul das nuvens,
Das argênteas colinas – divagando,
Saudosa ao silêncio, ao fim da noite.
Sobressaltada, foge: os pés retira
Da terra e voa; aos regaçados seios
Toma a branca roupagem; matutina
Cair deixa a orvalhada de diamantes,
Estrelas da grinalda, e desparece.[93]
Roda o plaustro de um príncipe; os cavalos
Vêm nevados nos vales do oriente;
Cobre os ares a poeira do caminho,
Flutuantes vapores; da alvorada
Brisa fresca e geral passa acordando
O oceano, os bosques; nuvens áureas,
De marinho coral, nuvens de pérola,

---

[92] O título na primeira edição do poema é "Ao sol"; na segunda, o poeta escreve em grego. Juntamos aqui os dois títulos. Poema vazado em decassílabos brancos. Liberado da rima, desenvolve ampla reflexão sobre o seu estar-no-mundo e a natureza.

[93] Síncope: "desparece" por desaparece.

Como a face de um lago os céus abriram;
Os pássaros cantando, o colo alongam
De través dos palmares, perguntando
Aos pastores e ao gado que apascentam,
"Quem faz tanto rumor?" desliza o orvalho
Nas flores; vem o zéfiro e levanta
Ondulações de incenso à natureza
Das barras da manhã. Sorrindo amores
Tal a noiva, indolente e preguiçosa
Como Vênus das ondas espumadas,
Dentre os alvos lençóis nua se ostenta.

Ó sol! Chama da ideia e luz do templo,
Dá que arda-me a fronte, negra e gélida
Do ceticismo! Dá-me, ó deus da lira,
Um cântico de paz! Que a musa, afeita
A este cantar selvagem, rude, aspérrimo,
Que o vendaval da sorte ao peito ensina,
Como ao rochedo a vaga, como aos troncos
Rubro estalado raio, ave enfezada
Jamais cantora de amor. Abriu-me a boca
Esta sede eternal, que eu sofro ignaro,
De um desejar... que mata-me a existência,
Que minha alma lacera, como às iras,
De candente samûm... Me ouviste, sol?[94]

Abre um lado da abóbada celeste,
Amostra o rosto; e só, centóclo e belo,[95]
Governa o mundo seu: apaga os círios

---

[94] O poeta se refere ao abrasador vento simum, que sopra do centro da África para o norte.
[95] Síncope: "centóclo" por centóculo = que tem 100 olhos.

Do umbroso altar da noite; arrasta a nuvem,
Embalança-a nos ares, sombreando
Os loiros plainos e os floridos vales
Em pedraria e luz tremendo os bosques,
E como riso as flores entreabertas,
Espalha almo chuveiro. Sol esplêndido!
Deus dos meus olhos, meu caminho franco
À Unidade invisível, sol, me arranca
Deste lodo da terra, onde hei manchado
A alma de meu Deus! – rios, montanhas,
Levantai minha voz! Aves, favônios,
Cantai! cantai louvores, aos céus puros
Batei as asas, penetrai as nuvens,
Ao nosso pai! que os nossos campos enche
De mil dons! que derrama em nossas veias,
Como Deus em nossa alma o pensamento,
Ondas de sangue e vida! – A borboleta
Sobre as folhas dormindo, aéreo esmalte
À beira da corrente, a ti se eleva
Em turbilhões de luzes, centelhando
As belas asas de íris; a velhice
Arrasta para ti seus lentos passos;
Te olhando, a vista funde-se-me em lágrimas,
Que amo falar-te, à minha voz embora,
Sol, desdenhoso sol, tu não respondas!

Quantas vezes passava a contemplar-te,
Solitário no mar! longe da pátria,[96]
Os raios teus umedeci de lágrimas,
Que beberam teus raios... ai! Contigo

---

[96] Na primeira edição, está "sem pai nem mãe" no lugar de "longe da pátria". O poeta, portanto, preferiu aqui a imagem de exilado à de órfão, ambas, porém, verdadeiras.

E o mar somente, o pensamento errando
Ante meus olhos, sem olhar, abertos!
Amigos mendiguei, meu peito aos homens,
Meus braços, minha fronte abri, minha alma...
Como os homens sorriam-me! um instante,
Logo depois, odiavam-me! eu, qual aura
Amarga, de onda à onda mentirosa...
Deixei-os, e corri mares em fora;[97]
Vi novos climas... sempre os mesmos homens!
Nem um só! nem um só achei, que o nome
Santo de amigo merecesse, ao menos!
– Desde então na descrença ressequido
Murchou, caiu meu coração, e os homens,
Que minha alma tão rude calcinaram,
Nunca mais pude amar... vou da existência
Pelas sombrias praias, solitário.

Quantas vezes, pendido dos penhascos,
Criações do ideal traçando agora,
Peço virgens divinas – que me embalam,
Que me adormecem... mas acordo; rujo
Contra ti, deus imóvel, subalterno,
Dos esplendores vãos brutal hipérbole,
Despertador da terra! que, por estas
Doces imagens, trazes-mos terríveis
Com a mentira ou não sei quê na fronte,
Que não entendo e me repugna!... E torno
Às minhas solidões, descrendo deles –
Descrendo do Senhor – e eis a desgraça.

---

[97] Trecho certamente autobiográfico, em que o autor exprime a decepção para com os homens e a decisão de correr mares, reveladora do ideal romântico de evasão.

Fui, mimado na dor, pelos desertos
Buscando sombra! – as árvores murchavam,
Se esfolhavam, da fronte, que eu sustinha,
Descansar pelo colo dos seus troncos,
Sob os meus pés sua leiva! Aos céus exposto,
O sol fendeu-me o dorso, como açoite
Da Providência – e amei-te, amei-te, ó sol!
Tu, ó dia primeiro em que no espaço
De ouro a ardente fogueira o sopro eterno
Acendeu, quando a terra estremecia
Em pasmos se revendo e toda em vozes,
Vozes de amor! ó tu, dia vindouro
Em que a mão, que a ergueu, volte apagá-la,
Denso fumo a expandir-se dentre os dedos
Lhe esmagando o carvão, oh! perturbar-me
Nessa emoção de horror, eu só quisera
Esses dois dias vida, entre eles morte!
Sol esplêndido e belo! Deus visível
E corpo do deus uno, queima o corpo,
Arde a alma à tua alma, a Deus, ó astro!

Silêncio! Foi o vento: em meus ouvidos,
"Emudece!" disseram-me, passando. –
Rios, montanhas, íncolas dos bosques,
Nascemos cegos, meus irmãos na morte,
Sem saber o que somos, aonde vamos...
Para cantar... Cantemos harmonias
Ao sol que se alevanta do arvoredo,
Lá dos cumes de além; fruto de estio,
Nutramos nossos peitos com seus raios,
Como as aras da fé – longe está Deus!

O INVERNO[98]

(Entre Santa Ana e Santa Rosa)

São lágrimas, são lágrimas fecundas
As chuvas: – o arvoredo carregado
Arrasta pelo chão flores e ramos;
Exala o campo mádidos aromas
Às borboletas esmaltadas, belas
De asas largas, azuis, aos mil confusos
Insetos de ouro; pelo bosque ao longe
O lago berrador. Reluz a planta
Aberta toda em rosas encarnadas,
Como um anjo-da-guarda se arrepia,
Sussurra ao beija-flor, que ruge as asas,
Que amoroso faz círculos nos ares,
Que delira, que geme uns pios íntimos,
Que punge os seios nus, que a flor inclina
Ai! sorvendo-lhe o mel puro e balsâmico
Dentre espinhos e risos, aos fulgores
Do viço esplêndido e o cristal – humanas
Donzelas, que verteis na mocidade
Rúbea seiva que às faces brilha e monta!

---

[98] Interessante observar o contraste que o poeta realiza entre este poema, em que celebra a chuva, o inverno, e o anterior, dedicado "Ao sol". Nos dois, a mesma paixão (romântica) pela natureza.

Ao quente inverno, do equador às chuvas
É mais sensível, mais saudosa a terra –
Salve, felicidade melancólica,
Doce estação da sombra e dos amores!
Como à voz do senhor escravas negras,
Aqui nas selvas não se despem virgens
À voz de outono desdenhoso e pálido:
Aqui nos montes não laceram-se ermos
Tronos de aves perdidas, nem do prado
Desaparece a flor. A cobra mansa
Cor de azougue, tardia, umbrosa e dúctil,
No marfim dos caminhos arenosos
Serpenteia, como onda de cabelos
Da formosura no ombro. À noite a lua,
Mãe da poesia, solitária, errante,
Com a face branca e o riso de inocência,
Vem, minha amante vem, doce harmonia,
Assenta-se nas palmas da montanha
E candores derrama pelo vale,
Que dissera-se arder em castas chamas.
O sol não queima os céus como os desertos,
Simpáticas manhãs respira o dia.

Geme às canções da aldeia apaixonadas
O saudoso violão; as vozes cantam
Em náutico, em celeste modulado;
Chama às tácitas asas o silêncio
Ao repouso, aos amores; as torrentes,
Trazendo a meditar, levam saudades;
Vaga contemplação descora um tanto.
O adolescente e o velho; doce e triste
Eu vejo o meu sentir na natureza
Sombria do equador, bela selvagem

De olhos alados de viver, à sombra
Adormecendo da árvore espaçosa.

O touro muge; à ondulação das vozes
Ondeiam-se juncais, se embalam ermos.
A filha das soidões e dos mistérios[99]
Do meio-dia, da tarde desmaiada,
A mãe dos ais e da ternura, a rola
Gemer se ouve, – se cala a natureza,
Tudo se despovoa e se deserta,
Entrando a revocar reminiscências,
Que a lembrança perdida ela desperta.
Vê-se um gênio a vagar por toda parte,
Pálido docemente, meigo, lento,
De mãos no rosto, de pendido colo
E os ébanos compridos em desfios –
Vem, meu amor! – o gênio, que divaga,
Desce a colina pelo vale, às praias,
E lá, perante as águas, chora, chora...
Irmãs tão belas, que se simpatizam,
Que os prantos seus consomem pelas rochas,
Pelas encostas denegridas, broncas.

Que nuvens puras! Que mavioso oceano
Os amplos ares! Que verdor a terra! –
Cai a tarde, dos serros emanando
Os vermelhos vapores do Ocidente.
Não houve o dia sol, no ar suspendido
Das sombras por detrás, vento não houve.
Grosso orvalho se escoa da espessura;
Os céus de azul, quão vastos se evaporam!

---

[99] Síncope: "soidões" por solidões.

– Sai da varanda do casal a filha,
Bela dessa amplidão que está na tarde,
Cândida, pura e vaga, e tudo amando,
Chega-se ao pé da flor, afaga-a e passa,
Como quem disse "não és tu." Se elevam
Das ervas e das flores que a rodeiam
Borboletas nevadas, estremecem
E vêm-lhe as asas comprimir nos braços,
Perder-se-lhe entre a nuvem de cabelos
Que estão dos ombros umectando a alvura:
Virgem das brenhas, eu no teu regaço
Dormirei plácido? eu nesses teus olhos
De encantada lerei meu pensamento,
A arder meu coração nos teus amores?...
Ela não pôde ouvir-me – pensativa,
Tão distraída, pela estrada nova,
Por entre os limoeiros florescidos
Lá se encobriu da mata silenciosa,
Onde suspira a nambu-preta e cantam
Salmos os sabiás de harpas formosas!

Deu mais um passo a natureza. Gira
A viração mimosa do crepúsculo;
Fendem-se, à luz poente, das palmeiras
Os espatos viçosos, amostrando,
Como um filho, o materno seio aberto,
Recentes cachos, donde a flor se entorna
Como a pérola corre perfumada
Dos lábios de uma esposa. Se desprendem,
Fazem a vibração no solo os cocos.
A cigarra se esvai cantando, e morre,
Funda saudade ao coração trazendo.
– Deu mais um passo a natureza. Se ergue

Noturna brisa pelos negros ramos,
E já somente senhoreia a noite
Juncada de luar. Ao longe espasma
Os ais de dor, os gritos de desgraça,
Urutauí, da umbaubeira pálida,
Tão abraçado e qual se alma do tronco,
Vária e fúnebre à lua, que irrompesse
Na gargalhada alvar pelas soidões.
– Como estrelas em pó que os céus filtraram,
Treme o horizonte de folhame argênteo,
Dorme aos piados de desagasalho
Do caboré friento. Agora estende-se
Uma nuvem de chumbo. Agora se ouve
A tororoma d'água das montanhas
Rolando pela noite, mugibunda
De sons a encher os vales – nesta hora
O coração do homem solitário
Suspira os áureos sonhos pela amante
Que noutra terra está... neste retrato
Os olhos beija, os alvos braços beija
Onde há dormido... – Quando na alta noite
Gemeu a chuva, a madrugada é bela,
Linda a menina a amanhecer na fonte.

Estala a voz de uma ave; outras, ignotas
Rompem no bosque alegres alvoradas;
Enlaça o rio à jussareira lânguida,
Que nas ondas escuras se desenha;
Embalam-se os tucanos dentre frutas,
Se esgasgando e cantando; zumbe a abelha,
A silvestre uruçu se envermelhece
Nos úmidos matizes, se revolve
Na dourada resina, que destila

O bacuri-panã de amenos bálsamos
E amorenada flor. O sol se oculta.

Parado, calmo o tempo – de repente
Acorda o geniozinho que dormia
Aos cicios das folhas, aos queixumes
Da corrente sombria; doido acorda
Voando, espírito a gritar inquieto
À natural tragédia preludiando.
Fervem os ramos, se abrigando fogem
Pela barreira os róseos trovadores;
E ele, só, tempera-se estridente
De ígneos carmes! rangem montes, cedros,
Entre os polos vanzeia a tempestade!
Oh! como ele se alegra e se recreia!
Como voluta e luz! como cintila!
Avezinha dos ventos balançados,
Em seu ninho de nuvens – se arremessa
Aos trovões que arrebentam! vai tenindo,
Seguindo os raios[,] vai través dos ares,
E traço luminoso, um outro raio,
Das asas solta elétricas fagulhas!
Vede-o, pequeno argueiro que delira
Na cratera a se abrir da imensidade!
Eu como ele, também prezo os balanços
Do vendaval; como ele entre relâmpagos,
Também minha alma aos céus se eleva e canta!
– Ouvir a chuva, adormecer cismando,
Erguer-me ao redobrar da seriquara
Nos bamburrais do rio, espreguiçar-me
Qual no monte a palmeira ao doce fluido
Do áureo dedo do sol, fênix dourada,
Da noite amo surgir – eu amo o inverno.

SOMBRAS

A M. Odorico Mendes

Dos rubros flancos do redondo oceano
Com as asas de luz prendendo a terra
O sol eu vi nascer, jovem formoso
Com as faces do calor que amor acende,
Desordenando pelos ombros de ouro
As perfumadas comas luminosas —[100]
Em torno a mim não tragas os teus raios,
Sol de fogo, suspende! tu, que outrora
Em cândidas canções eu saudava
Nos dias da esperança, ergue-te e passa
Sem ouvir minha lira! Quando infante
Ao pé dos laranjais, adormecido
E orvalhado das flores que choviam
Dentre o ramo cheiroso e os belos frutos,
Na terra de meus pais eu despertava,
Minhas irmãs sorrindo, o canto, o aroma
Das rúbidas mangueiras no oriente,[101]
Eram teus raios que primeiro vinham
Roçar-me as brandas cordas do alaúde

---

[100] Coma: cabeleira, juba. Observar nesta passagem imagens que combinam várias sensações (sinestesia): visual, olfativa, térmica e cinética.
[101] Rúbida: vermelha, afogueada (fig.).

Nos meus joelhos tímido vagindo.
Ouviste, sol, minha alma de anos tênue,
Toda inocente e tua, como arroio
Em pedras estendido soluçando,
Andando à natureza; e me cercavas,
Sim, de piedosa luz a fronte bela.
Ainda apareces como antigamente,
Mas o mesmo eu não sou; hoje me encontras
À beira do meu túmulo assentado
Com a maldição no lábio embranquecido
E amargo o peito, resfriadas cinzas
Por onde te resvalas, tristes, lôbregas.
Oh! escurece a esfera! os raios quebra,
Apaga-te pra mim! não mais me canses!
A flor que lá nos vales levantaste,
Subindo o monte, à terra já se inclina.

Eu vi caindo o sol. Como relevos
Dos etéreos salões, nuvens bordaram
As cintas do horizonte, e nas paredes,
Mudas estátuas para mim voltadas,
Que eram sombras daqueles que morreram –
Logo depois em funerais cobriu-se
Toda a amplidão do céu, que recolheu-me.

As flores da trindade se fecharam,
Abriram-se nos céus tímidos astros,
Apenas se amostrou marmórea deusa –
Que sossego! Me deito nesta laje,
Meus ouvidos eu curvo; o pensamento
Penetra a sepultura: o caminhante
Assim vai pernoitar em fora de horas,
E bate ao pouso, e descansado espera.

Belos túmulos! verde ciparisso,[102]
Dai-me um berço e uma sombra! Como invejo
Esta vegetação dos mortos! – rosas
Meu corpo também pode alimentar. –
Passa além o sussurro da cidade;
E nem quero dormir neste retiro
Pelo amor do ócio; mais feliz o julgo
Quem faz este mistério que me enleva...
Quem alumia estes caminhos? – Deus.

Nasce de mim, prolonga-se qual sombra
Negra serpe crescendo e se anelando,
Cadeia horrível! sonoroso e lento
Um elo cada dia vem com a noite
Rolando dessas fráguas da existência
Prender-se lá no fim – a morte de hoje
Que a de ontem procurava; a ela unir-se
A de amanhã virá... como vai longa!
Como palpita! E eu deste princípio,
Mudo e sem mais poder fugir-me dele,
Estou traçando com dormentes olhos
Lá diante o meu lugar – oh, dores tristes!
Todos então ao nada cairemos!
E esses anéis, do crime o arruído
Não, não hão-de fazer: num só gemido
Fundo, emudecerão, sono da paz.

Oh, este choro natural dos túmulos
Onde dormem os pais, indica, amigos,
Perda – nem eu as asas do futuro,
Não sei voar: a dor é do passado

---

[102] Ciparisso: o mesmo que cipreste.

Que esvaece na vista enfraquecida,
Como fica o deserto umbroso, longe.
Senão a morte, me trazendo a noite,
Nada mais se aproxima. Solitário
Às bordas me debruço do horizonte;
Nutro o abismo de mágoas e misérias.
Porto de salvação não há na vida;
Desmaia o céu de estrelas arenoso –
Eu fui amado... e hoje me abandonam.
Meões do nada, desaparecei-me!

....
....

Quando nessas horas vagas
Docemente me encantavas
O pensamento de amor,
Por tantas delícias magas
Novo sol me iluminavas
Campos formados de flor.

E eram minhas horas vagas
O feliz passar contigo –
Meigo à voz de murmurio
Como de fonte entre fragas,
Como de mar sem perigo,
Como de folhas do estio.

[...]

Bem cedo eu despertei; antes quisera
Dormir eternamente. Era a verdade
Só na morte, o porvir estremecendo,
Apagando o que passa, o dia de hoje

Por trás das costas sacudindo ao nada,
E, por desprezo, ao sol somente ossadas!
Dei um passo; escutei; voltando os olhos,
Era um festim: as luzes se apagaram
Subitamente à exalação da turba:
Confusão infernal! Na escuridade
Batendo os dentes, homens se mordiam...
Se veio nova luz mostrando o sangue,
Nenhum vivia para envergonhar-se!
– Nem olho ao mundo sem me rir de vê-los,
Saltadores delfins ledos de vida,
Que abraçando-se à morte, dançam. Homem,
Pela senda mais doce e mais florida
Os passos mais risonhos, vão ao nada
Pelas mãos do destino te levando;
As luzes do prazer, por trás dos prismas
Jogando da ilusão, mentem que há céus –
Olha sobre ti mesmo, homem que espertas:
Desde ti, a perder-se aonde bem queiras,
Tudo é miséria, o amor como a desgraça!

RECORDAÇÕES[103]

(Centro e Oiteiro)

Eu careço de amar, viver careço
Nos montes do Brasil, no Maranhão,
Dormir aos berros da arenosa praia
Da ruinosa Alcântara, evocando
Amor... quero volver à solidão!
Quero fugir da Europa, e nem meus ossos
Descansar em Paris, não quero, não!
– Oh! porque a vida desprezei dos lares,
Onde minha alma sempre forças tinha
Para elevar-se à natureza e aos astros?
Aqui tenho somente uma janela
E uma geira de céu, que uma só nuvem
A seu grado me tira; e o sol me passa
Ave rápida, ou como um cavaleiro. –
Lá, era a terra toda, era o sol todo,
E em meu céu anilado eu me envolvia,
Como as águas se perdem dentro dele!

---

[103] Este poema é uma espécie de canção do exílio de Sousândrade, escrito quando o autor se encontrava em Paris, entre 1855 e 1856, estudando Letras e/ou Engenharia de Minas, na Sorbonne.

Ingrato filho que não ama os berços
Do seu primeiro sol. Eu se algum dia
Tiver de descansar a vida errante, –
Caminhos de Paris não hão de ver-me;
Através dos meus vales solitários
Eu irei me assentar; e as brisas tépidas
Que os meus cabelos pretos perfumavam,
Os meus cabelos brancos na asa trêmula
Gemendo volverão: quando eu nascia
O alento primeiro elas me deram;
Meu último suspiro eu lhes darei.[104]

Quando eu for navegando à minha terra,
A viração mareira no meu rosto,
Se espanejando esta alma no oceano,
Começarei amar! E o sol com os raios,
Como braços de amante, as mariposas,
As ondas inconstantes afagando,
Amansando-as, de amor em rebeldia;
E a lua alva formosa, como a rosa
Que as pétalas vai todas desdobrando,
Como virgem de amor descamisada
Que o seio a arregaçar dormindo eleva,
Que em seus leitos de azul resvala, ondula;
E as longínquas montanhas fumarentas
A balançarem na água; e o nevoeiro
Desrolado dos céus, difuso ao longe
No horizonte; e quando às flóreas margens
Da pátria o meu baixel cedo enlevado,
Ginete inquieto aos sítios conhecidos

---

[104] O desejo do poeta, expresso neste verso, se cumpre: apesar da "vida errante", Sousândrade morre em São Luís, em 1902.

Eu vir, sob os meus olhos que uma lágrima
Partem, partem de alegres, as palmeiras,
Os rios meus, os campos meus saudosos,
Tudo o que eu amo, – então, então morrer.

Cheias de raios e trovões as nuvens
Arrastam pelos céus elos pesados
De cadeia inigual. Me despertaram.
O céu estremeceu: de azul, prescito
Contrai as faces, negrejando fumo
Corre, e a terra em densa véstia cai.
Eu dormia o meu sono de acordado,
Quando amortece a dor – olhos desvairos,
Deslavados das lágrimas, não olham.
Minha alma errante, de voar nas trevas
Fecha as cansadas escorridas asas;
Meu pensar afadiga-me: do mundo
Fugitivo eu serei... oh, minha sorte![105]
Minha mãe, pelos céus, abandonou-me
Ainda infante; meu pai também morreu;
Minhas doces irmãs, não sei mais delas;
Os companheiros meus da meninice
Nos prados; as gentis adolescentes
Meigas, celestes, que os enganos eram
Da minha aurora e causas de amargura,

---

[105] Estes versos são certamente autobiográficos, pois revelam a condição de órfão do autor e o sentimento de perda e desencontros das pessoas queridas. O intrigante aqui é que ele fala nas suas "doces irmãs", contrariando biógrafos que mencionam apenas uma, Ana, mais velha que Sousândrade, nascida em 02/05/1830. (Cf. Williams, F. & Moraes, J. *Poesia e prosa reunidas de Sousândrade*. S. Luís: AML, 2003, p. 14). O poema "Solidões (Dii Penates)" é dedicado à sua "irmã Maria-José", aumentando assim esse mistério biográfico.

Os meus lírios cheirosos, se perderam!
Perdi tudo que amei; tudo me foge,
E nem a morte eu sou – quanto hei tocado
Tem-se desfeito! as flores do meu berço,
Os anjos do meu sonho, o meu sol d'ouro,
O ancião com fronte de meu pai sisuda,
E os meus amores... Não! – quando sonhando
Auguram-me abandono, e solitário
Como o Jó piedoso eu sou, a vejo
Gêmea do mesmo amor, em nós nascido,
Por nós criado, que ela quis primeiro,
E que eu primeiro amei, que amemos tanto!
Vejo-a correndo não sei donde, e louca
Seus vestidos ao vento desatados
E o úmido cabelo; abrindo os braços,
Chorando de alegria ou de piedade,
Tremendo por ditosa ou de tristeza,
Ao ver-me como o Jó, dos céus, do mundo
Exilado e faminto e sem abrigo
À ventania, aos vermes! pobre filha,
Pobre escrava de amor, porque inda o amas?...
Traz a consolação e o salvamento,
Como frescor da tarde me alentando;
Com seus cabelos a nudez cobrindo-me,
Onda de amor, o coração me embala;
Palma ao sol, sobre mim seu corpo inclina,
E eu sinto a sombra e o murmúrio brando –
Quando eu acordo! E que me importa o mundo?
E que me importa o céu que me abandona?
– O poeta unidade absoluta,[106]

---

[106] A definição, neste passo, do poeta, segundo Sousândrade, é bem próxima da do homem idealizado pelo filósofo Fichte, na sua

Sem depender da terra e dos astros,
Ou ama, ou canta, ou lágrimas derrama
Dos homens à miséria, ou na desgraça
Curte saudades do que vai passando
Levado pelo tempo, e que ele amara;
Amor, de que se nutre, e farto nunca,
Seu alimento devorando, morre;
Ignorado do Ser, qual delirante,
Qual sem saber de si, do que sentira,
Tão fundo, que ninguém lhe entendeu.
Fantasma que sumiu-se espavorido,
Belo voando à noitidão do abismo,[107]
Donde viera: "passa, e vai com os ecos
Da tua voz, ó sombra misteriosa,
Que nós, filhos da crença, não sabemos
Teus latidos ouvir, delírios torvos
Em candentes marasmos revezados."

Teoria da Ciência (1794), e que recebeu o apoio entusiasta dos poetas românticos alemães, entre outros, Friedrich Schlegel e Goethe. Trata-se da busca da unidade do mundo a partir das forças criativas do Eu, tensionado entre as limitações da realidade e a infinitude do ideal, decorrendo daí um forte sentimento de nostalgia. Para Novalis, aliás, tudo que é distante é romântico. Essa reconquista da unidade através da subjetividade do eu guarda uma dimensão metafísica em que a alma do artista busca se associar ao Universo e ao Absoluto. Daí a independência do poeta, a atitude demiúrgica capaz de (re)criar a realidade. Para Goethe, o artista, ao unir o ideal e o real, a razão e o instinto, operaria uma síntese superior. Schlegel tratará de levar para a teoria da arte o monismo fichtiano.

[107] Noitidão: neologismo de grande força expressiva.

– Se cava, se ergue e se embalança a onda
Em seus trêmulos pés sobre o oceano:
Filho dos mares, filho das estrelas,[108]
Errante como a onda, ao polo eu sigo.

---

[108] Autodefinição do autor, a partir da concepção romântica de que se é poeta por destinação da natureza, o que o torna um nostálgico permanente do infinito, representado aqui pelos mares e estrelas.

FRAGMENTOS DO MAR[109]

A Mr. A. de Lamartine

J'aime ces sentiments là...
Palavras do Poeta
(Paris)

Sagrados bosques, troncos alterosos,
Que eu amei, que o meu nome sussurravam
No estrondo vegetal, soidões queridas,
Oh Luxemburgo, adeus! Meu castanheiro,
Sombras, onde as lições eu meditava
Do Lévèque e Saint-Marc, senti meu peito
Abraçar-vos! da casca, onde eu vos beijo,
Rebenta um galho, e viva aí minh'alma!
Ontem, era dos ramos de esmeralda
A flórea primavera, a doce esperança
A refrescar-me a fronte. Hoje, ao futuro
Voltou a noite... Oh Luxemburgo, adeus!

---

[109] Antônio Carlos Secchin (2003, p. 21), no seu instigante ensaio "Um mar à margem – o motivo marinho na poesia brasileira do romantismo", dá destaque a esse poema. Diz o crítico: "Narrando uma viagem da França ao Brasil, com escalas em Portugal, o poeta, em [predominantemente] ásperos decassílabos brancos, viaja também em busca de seu passado e de mitos imemoriais, num roteiro em que se fazem presentes uma intensa erotização da natureza, a luta do espírito de Byron contra o anjo-Lamartine e a concepção do mundo como um projeto abandonado por Deus" (p. 34).

[...]

Eu parto; o prazo é findo antes do tempo...
Adeus, oh Luxemburgo, adeus! – Passando,
Vou ainda beijar grátulo os muros
Da longeva Sorbona, a mãe das letras;
Vou ainda mirar-me sobre as ondas,
Como a desoras ao luar do Sena
Sobre a Ponte-das-Artes debruçado,
Nelas a pátria ver, glórias sonhando.

[...]

Elo vasto de vozes grasnadoras
O horizonte cingiu; enrouquecendo
O vento se elevou; gritaram aves
Ao em torno da nau; luzindo o corpo
Se erguem na treva as tintureiras negras,
Enfurecido o mar; os raios cruzam,
Laceram grenhas de suspensas nuvens,
E dos mastros nos ares serpenteiam
Em flâmulas de fogo. O verde-claro
O puro azul das águas florescidas,
Sangue retinto e negridão tornou-se.
– Amo a vida nos seios compulsados
Do vendaval, assim; perdida nave
Como corvo da noite nos espaços
E à sombra fugitiva o mar uivando!

[...]

O navio, que esnortea-se e desgarra,
Dá sinal de socorro ao mastaréu!

Librados todos vão, ninguém socorre,
Não olha Deus à terra tumultuada
No enraivecer do temporal desfeito!
Voltou a noite.

        [...] É fresca noiva

A feminina lua: as brancas nuvens
São enxovais de sedas ondulantes;
Iluminado templo, o céu de estrelas
Onde o amante a espera; incenso, auras;
E do oceano os órgãos levantando
Epitalâmios divinais.
        Esbrava,
Fareja e rosna e late o cão dos mares
Na batida em que vai, mordendo as ondas.[110]

        [...]

(Ilha de São Vicente)

Deus evocando o mundo dos abismos,
Apresenta-se colossal gigante!
Do homem que era, abrindo os olhos ávidos
E a garganta inflamada hiante, riu-se,
Julgando um seu irmão defronte dele –
E sobre o Criador, à humana imagem
Que a obra sua ainda contemplava,

---

[110] Imagem de forte impacto visual e estético, muito mais eficaz, por sinal, do que aquela usada por Castro Alves em "O Navio Negreiro", quando este compara as vagas a "turba de infantes inquieta" que "correm... cansam".

Lançou-se! – Deus, se retirando a um lado,
Viu devorar o monstro à própria sombra,
A lhe ranger o coração medonho
Nas cavernas do peito! E mais bramindo
Quando desenganado, serpe em chamas
A língua como espada fumegante
Que de dentro dos ombros arrancasse!
Nascia o vendaval – mas, a cabeça
Alevantado, foi-se o muro eterno
Antepondo de treva à criatura,
Que ruge em vão, que nada viu mais nunca.
– Então, contra esse filho o Deus dos astros
Seus raios de indignado fulminando,
O fez despedaçar, dizendo "o oceano
Forme-se amargo do teu sangue e a terra
Dos membros, que apodreçam-te e produzam
Outros vermes." E novos homens nascem,
Novas serpentes: nasce a morte, deles.
E este mar de verdete é sangue humano
Em contínuo ferver polutas fezes;
Aquela árida rocha, onde se quebram
Ventos e que não move-se aos naufrágios,
Vem do seu coração; vem-lhe do cérebro
O ente que é, sutil e mais perfeito,
Mínimo em corpo, em ser cruel grandíssimo!

[...]

(*Costas do Brasil*)

Salve píncaros frondosos!
Salve, frondoso Brasil!
Os pés na verde esmeralda,
A fronte nos céus de anil!

Requebrando-se as palmeiras
Respiram tão docemente!
Como virgens encantadas,
O regato ergue a corrente.

Como os ares me conhecem,
Que veem, meu rosto a afagar,
Ao meu encontro correndo
Por sobre as ondas do mar!

As aves sabem que venho,
São elas que estão cantando –
São as vozes das montanhas
Por estes céus realçando.

Desondeia o sol os raios
Pelo declívio dos montes,
As nuvens se purpureiam
Nos imensos horizontes.

Que família que, esperando
O filho de há muito ausente,
A casa em festas enova
Alvoroçada e contente.

Ó terras que o Ser me deu,
Ó pátria, acolhei-me ao seio,
Como a José os irmãos
Quando de escravo lhes veio!

[...]

(*Maranhão*)

Com a pureza da luz movem-se as ondas;
Surge delas, risonhas, os ombros brancos
Verdejantes as tranças e olhos d'ouro,
Ao sol tessálio americana Palas![111]
À voz do maracá ruidoso e belo,
Que do passado as tabas desenterra
Cheias do canto e as festas do guerreiro,
Como ao luzir dos astros no horizonte
A vista ao derredor vaidosa corre:[112]
Filha do céu, este é Gonçalves Dias,
O gênio, o mito, das canções divinas
O formoso cantor; aquele o Beckman,
Que a liberdade amando, hostia lhe viste;
Este o Falcão; o conselheiro Serra,
Este; o Odorico Mendes, desterrado,
Nobre, esquecido; ali, Gomes de Souza;
E o sábio velho professor Sotero;
E João Lisboa ali, que o vês, Romano
Da raça antiga; é o Trajano aquele,
O que gemia a sorte dos escravos;
E este, o Franco de Sá, doce esperança,
Lira de anjo. – Meu Deus, turbar-me sinto!

---

[111] Nota-se, neste passo, a tentativa do poeta de associar a geografia e a cultura indígena da terra à Tessália (Grécia) com sua mitologia (a deusa Palas Atenas); em outras palavras, tenta helenizar o Maranhão.

[112] O autor passa a apresentar, com orgulho, à deusa "americana Palas" as figuras proeminentes da cidade, algumas nacionalmente conhecidas, como o poeta Gonçalves Dias, que aqui recebe bela homenagem, ao lado do tradutor, professor e amigo Odorico Mendes e do insurgente Manuel Beckman (ver nota 28).

Banhar-me o peito ar... que eu não estranho,
Mas, que procuro conhecer – são lindas
Estas costas! Aquele pedregulho
É um rei da água, sacudindo a fronte
Dentre as brancas oceanias que o cercam.
Mais longe estende-se outra terra... Alcântara!
Negra ossada de incógnito cadáver
Em sepultura abandonada! Pálidas,
Por sobre as torres tristemente errando,
Vejo as sombras dos meus antepassados
Que dos avitos túmulos se elevam –[113]
Ilha do Maranhão! Lá está São Marcos!
Lá estão os areais e as verdes palmas!
Circundam-me em transporte, qual da morte
A claridade, o enlevo – Deus clemente!
Eis que minh'alma enfim se ama e se alegra
Nas ondas suas! Adormeça o corpo
Ao lado de meus pais – a pátria é esta,
Este o sol do equador, esta a minha alma!

[...]

É este o meu país! – deus que me fala –
A terra, se ando, os areais, a relva,
Ringem sob meus pés; com o ramo a selva,
Os verdes braços seus, em mim resvala.

Os céus à minha vista abrem-se, ampleiam-se;
Aos meus ouvidos se anunciam hinos
Dos ares, das soidões, dos céus divinos,
Que a alma enlevam-se, toda amor, e enleiam!

---

[113] Avitos túmulos: túmulos dos avós, dos antepassados.

Subí, vagas, subí, vinde abraçar-me,
Vinde, não receieis do vosso irmão!
Como é belo embalar-se o coração
Nos vivos seios da onda a embalançar-me!

Como é formosa a nau, leve, ofegante
Que passa a navegar, dourada popa,
Velas alvas que o nauta ao vento ensopa,
Indo transverso rumo de levante!

De pescadores todo o mar se coalha,
Um côncavo rumor da noite ecoa,
Do remo o ronco, os fogos de canoa –
Desce o gênio desta hora, a dor se espalha.

– Um náutico estrondor margem oposta,
– Uns lamentos fatais se alevantando,
Do fundo dos desertos ululando,
De vozes a cercar toda esta costa...

– Longos descantes do ruidoso dia
Em que a terra calou-se e vibra agora,
– Gemidos de mui longe, em que descora
A harpa do sol, que em vão gemer se ouvia...

– Encantado pavor, etéreo e mago,
– Silêncio, cheio de uma voz amada,
– Voz de silêncio místico impregnada,
– Rugir das roupas desse gênio vago! –

[...]

ETERNIDADE[114]

Um dia nasce a menina;
Onda de rosa e cristal,
Serpeia em terra divina –
O verme paraisal!

No outro dia desperta
Grande, bela, meiga flor
Ao pejo e graças aberta;
Começa o reino do amor.

Voa aos ares borboleta,
Repousa pomba do lar,
Abre os seios de violeta –
Neles outra onda... no mar.

---

[114] É curioso notar algumas coincidências entre esse poema de Sousândrade e o famoso "L'eternité", de Arthur Rimbaud. Este foi escrito em maio de 1872, sendo publicado, com modificações, no contexto do poema "Faim"("Fome"), inserto no livro *Une saison en enfer* ("Uma temporada no inferno"), saído no ano seguinte, em Bruxelas. Além de ambos trazerem o mesmo título ("Eternidade") e estrofes de quatro versos, o primeiro verso da última estrofe do poema acima ("E é o mar, a eternidade") lembra de imediato a estrofe inicial do poema francês: "Elle est retrouvée!/ Quoi? l'eternité./ C'est la mer mêlée/ Au soleil". Em tradução livre: "Foi reencontrada./ Quem? a eternidade./ É o mar misturado/ Ao sol".

E é o mar, a eternidade;
A onda, a vida veloz,
O ente na humanidade,
Do amor ao sopro... e após?

Estando em Nova York, é quase impossível que Sousândrade tivesse lido o poema de Rimbaud, um ano depois da edição de *Une saison en enfer*. Como se sabe, o jovem Arthur, impossibilitado de pagar a edição dos 500 exemplares, recebeu apenas alguns exemplares, logo dados a amigos, deixando com o editor o restante da obra, que passaria, aliás, anos no porão da editora, intocável.

ANINHAS

(*Alto mar*)

Tu não és como a árabe infante
Encantada no argênteo corcel
Por desertos de areia brilhante,
Áurea adaga no cinto de anel;
Nas cabildas da noite, ondulante[115]
Aos amores de louro donzel;

Nos floridos quiosques saltando,
Ou na ogiva formosa a dormir,
Coisas d'Ásia amorosa sonhando,
Que, sonhadas, se fazem sentir:
Tu não és como a árabe – amando,
Tens das santas no rosto o sorrir.

Não semelha-te a rútila estrela
Nem as ondas douradas do mar;
Não semelha-te, esplêndida e bela,
Do deserto a miragem solar:
Brilham olhos de bronze à donzela;
Tens os teus como a oásis a olhar.

---

[115] Cabilda: tribo nômade da África setentrional; tribo, bando.

EÓLIAS
(2ª ed., 1874)

VOAR[116]

(No álbum de D...)

Qual voa o negro corvo,
Quisera eu livre ser,
No seio azul do espaço
Voar e me perder.

Voar, voar, nos ventos
As asas estender;
Co'as nuvens embalar-me,
Voar e me perder.

Voar sempre, fugir-me,
No éter me esconder,
Fugir, fugir da terra,
Voar e me perder.

Direita ao sol dos trópicos
Soltar minh'alma a arder
Nas chamas que a devoram –
Voar, voar, morrer.

---

[116] Poema que ilustra bem o sentimento de evasão romântico, com o desejo de morte como representação da liberdade absoluta.

EU VI A FLOR DO CÉU

Eu vi a flor do céu – meiga esperança
Sorrindo para mim, Deus verdadeiro!
Eu amei como um doido a formosura,
E eu não tinha dinheiro...

Então senti minha alma degradada,
Como à bandeira que hasteou Tarquino,[117]
Quando o fogo da febre lhe lavrava
Nas veias do assassino.

E do mundo os aplausos, minha fronte
Pálida entristeceu, mal resignada,
Como essas flores, cuja alvura indica
Flórea estação passada.

---

[117] Refere-se a Tarquínio Prisco, "o mais velho", segundo Tito Lívio, um dos reis semilendários de Roma (o outro seria Tarquínio Soberbo, chamado assim por seu caráter tirânico). Consta que teria sido assassinado, depois de reinar durante 38 anos, a mando dos filhos de Anco Márcio.

AS DUNAS[118]

(Ponta d'Areia; ao luar de setembro)

Nas costas sonoras, dos mares erguidas,
Dos ventos volvidas ao sol do equador,
Elevam-se as dunas – à noite alvejantes
Ao longe, ondulantes, edênio o frescor:

São nuvens, são noivas, são gênios jocundos,
Descendo errabundos dos céus, ao luar;
São flocos luzentes, são brancas roupagens
Que enfunam aragens voando do mar:

São seios, são alvas espáduas, são ombros
Formosos, os combros de trêmulo alvor;
Têm vida, palpitam, resudam magia,
Do mar à ardentia, da lua ao fulgor.

---

[118] Um dos raros poemas hendecassílabos do autor, com acentos na 2ª, 5ª, 8ª e 11ª. Observe-se também o jogo das rimas externas (*abcb*) e internas (*a* com a 5ª sílaba do segundo verso e *c* com a 5ª do quarto verso). Tais recursos técnicos emprestam às estrofes uma dinamicidade musical e rítmica algo semelhante ao próprio movimento das dunas descritas: isomorfia. Com esse mesmo tipo de verso (mas sem as rimas internas), Gonçalves Dias inicia o seu famoso "I-Juca-Pirama".

Têm vida, irradiam, se movem, fulguram,
Interno murmuram – desejo ao luar –
E o duro oceano, que do alto reboa,
Lamentos entoa, seus pés a beijar:

Não ruge às procelas, não torce a corrente
Da aurora ao ocidente – suspira de amor;
Sombrio levanta-se, ao largo desmaia,
Se humilha na praia, o deus-trovador.

E as dunas, as fadas de fúlguros seios,
Se sentem de enleios – mais vivo o brilhar,
Os cintos, os alvos contornos desnuam
Dos véus que flutuam de argênteo luar.

– Desnuam, desnuam nas plagas desertas,
Selvagens, cobertas de areia a tremer,
Desnuam os anjos das brancas areias,
As magas sereias, os colos a erguer.

Nas costas sonoras, dos ventos volvidas,
Dos mares erguidas, na branca soidão
As magas – eu vejo-as, escuto – as sirenas
Com vozes amenas pelo áureo verão:

As águas florescem, exalam perfumes,
Acendem-se em lumes, centelha a ferir,
Dos mares à orquestra, dos sons à cadência,
Na vívida ardência da onda a sorrir.

E as ondas em chamas percorrem os mares;
Inundam-se os ares de etéreo cristal;
As ondas se encantam nas vastas espumas,
Encantam-se as dunas no imenso areal;

Encantam-se – as velas de frota indolente
Subindo o oriente, o oceano a descer, –
As alvas manadas, a virgem das caças,
Do enlevo, das graças, dos céus a pascer.

Nas costas sonoras, dos mares erguidas,
Errantes perdidas, da lua, ao clarão,
Da noite aos encantos – eu vejo as imagens
Do sonho, as miragens de eterna visão...

E os seios das dunas, por alva harmonia,
Resudam magia, tesouros a abrir:
Dos seios os lírios cintilam desejos,
Com manto de beijos a alvura a cobrir.

Com braços nevados aos mares acenam –
As vagas serenam que são vendaval,
Desdobram-se em flores d'espuma fagueira,
De luz feiticeira, de fúlgido sal.

As dunas são alvas espáduas, são ombros
Formosos, são combros, são gelos a arder;
São pérolas – luzem; são anjos – resplendem;
São seios – se rendem, – a terra, a mulher.

MADEMOISELLE[119]

Rien de plus beau que Paris.

Provérbio

Fujamos, vida e luz, riso da minha terra,
Sol do levante meu, lírio da negra serra,
Doce imagem de azuis brandos formosos olhos
Dos róseos mares vinda à plaga dos abrolhos
Muita espr'ança trazer, muita consolação!
Virgem, do undoso Sena à margem vicejante
Crescendo qual violeta, amando qual errante
Formosa borboleta às flores da estação!
Partamos para Auteuil, é lá que vivo agora;
Vê como o dia é belo! ali há sempre aurora
Nas selvas, denso umbror dos bosques de Bolonha.
– Ouve estrondar Paris! Paris delira e sonha
O que realiza lá voluptuar de amor –

---

[119] Outro poema que expressa a vida do poeta em Paris. Vazado em alexandrinos clássicos (com acentos nas 6ª e 12ª sílabas), refere-se a vários lugares da cidade e arredores: Auteuil, Bois de Bologne e Saint-Cloud, bairros; Montmorency: rua onde se situa a *villa*; Versailles: palácio edificado por Luís XIV na cidade do mesmo nome, próxima de Paris; Sorbona: Sorbonne, famosa universidade, onde Sousândrade estudou.

Lá onde dorme a noite, acorda a natureza,
Reluz a flor na calma e os hinos da devesa
Ecoam dentro d'alma ais de pungido ardor.

Aos jogos nunca foste, às águas de Versailles?
Vamos lá hoje!... Ali, palácios e convales
Do rei Luís-catorze alembram grande corte:
Maria Antonieta ali previa a sorte
Dos seus cabelos d'ouro em ondas na *bergère*. –
Tu contarás, voltando... inventa muita coisa,
Prazer de velhos pais, – que viste a bela esposa
Das feras! com chacais dançando La Barrère!

Oh! vamos, meu amor!, costuras abandona;
Deixa por hoje o hotel, que eu... deixo a Sorbona –
E fugitivos, do ar contentes passarinhos,
Perdidos pela sombra e a moita dos caminhos
Até a verde em flor *villa* Montmorency!
De lá, és minha prima andando séria e grave;
Entramos no portão: eu dou-te a minha chave
E sobes, meu condão, ao quarto alvo e *joli!*

Hesitas? ou, senão, sigamos outra via;
Do trem que vai partir a válvula assobia,
O povo se acumula, aqui ninguém a ver-nos:
Fujamos para o céu! Que fosse p'ros infernos
Contigo... – *oui* –. Não deixe' estar teu colo nu!

Há gente no *vagon*... sou fúria de ciúme –
Desdobra o véu no rosto... olhos com tanto lume... –
Corria o mês de agosto; entramos em Saint-Cloud.

DÁ MEIA-NOITE

Dá meia-noite; em céu azul-ferrete
Formosa espádua a lua
Alveja nua,
E voa sobre os templos da cidade.

Nos brancos muros se projetam sombras;
Passeia a sentinela
À noite bela
Opulenta da luz da divindade.

O silêncio respira; almos frescores
Meus cabelos afagam;
Gênios vagam,
De alguma fada no ar andando à caça.

Adormeceu a virgem; dos espíritos
Jaz nos mundos risonhos –
Fora eu os sonhos
Da bela virgem... uma nuvem passa.

AI TROVADOR

Dobra a silêncio;
Te põe a ouvir:
Desce a tristeza
Da alma ao cair –
Ai trovador!

Pela alta noite,
À voz do sino
Como a finados,
Luar divino,
Quando eu me for,[120]

De mim se alembre
Quem tanto amei;
Diga a seu pranto:
"Correi, correi,
Por meu amor!

"Porque sua alma
Longe da aurora,
Virá no orvalho
Frio desta hora –
Ai trovador!"

---

[120] Em *Obras poéticas*, este verso aparece assim grafado: "Quando eu *não* for", o que nos parece erro de revisão, pois o contexto não autoriza tal sentido.

AMO-TE[121]

Eu, que dobrei qual verde branda vara
Dos desertos ao vento, e da verdade
Do amor e desta doce liberdade
Sacrifiquei descrente à terra amara,

Amo-te! – Se soubesses a saudade
Que dos risos se tem... Oh! doce e cara,
Volve os teus verdes olhos com piedade;
Como a Virgem dos céus, consola e ampara!

Vem, como o anjo, que se vê descido
Sobre o túmulo alvar, nevi-luzentes
Meigas asas abrir! Vem, que é perdido

O veneno da flor! – Hoje inocentes
Perfumes solta o lírio anoitecido
Às auras dos jardins frescas e olentes.

---

[121] Este parece ser o único soneto de Sousândrade. Quem me chamou a atenção para o poema foi o pesquisador Sânzio de Azevedo. Foi publicado pela primeira vez no jornal *Semanário Maranhense*, no dia 09/08/1868, intitulado "Saudade" e logo inserto no volume *Impressos*, saído no mesmo ano, em São Luís, sob o título simplesmente de "Soneto". Só na seção *Eólias*, das *Obras poéticas* (NY, 1874), passaria a se chamar "Amo-te". (Cf. Williams, Frederick. *Sousândrade: vida e obra*. São Luís: Sioge, 1976, p. 71.)

CARMEN, A COLOMBIANA

(Ao mar do Amazonas)

Nous voguions en silence.
Lamartine

....
E pois que me ouves, cala
A tanta dor amarga,
A dor que morde e larga
Nossa alma no deserto,
Aqui perdido, incerto,
A vida se me exala
Como este mar, que estala
Na proa do escaler:
Mas, como as ondas correm,
Se os dias vão-se e morrem,
Escuta e crê, mulher:

Não choro as lindas luas
Do Rio de Janeiro
Nas sombras alvas, nuas
Nos vales e no oiteiro...
Oh! como eram suaves
Ali nas espessuras
O doce amor, as aves
E a flor das ervas puras,
O vento nos meus cabelos,
Volvendo aos voos belos!

Um dia em Guanabara,
Cismando, em meu rochedo,
A noite muito cedo
Em mim se repassara...
Oh! meus amores!... Quando
As luzes cintilando
Vieram do nascente,
Em vão passaste a gente,
Que a sombra não achara.

Deixei as minhas rosas,
E às praias arenosas
Té hoje por aqui... –
Alembram-me essas coisas,
Como alvas mariposas
Voassem dentro em mim[122]

....

---

[122] Observar que, neste poema, Sousândrade emprega a técnica do fragmento – tanto o início quanto o fim do texto, como se vê acima, estão cortados, "soltos" –, ideia central na estética romântica, levada a cabo principalmente pelos alemães, entre eles Novalis e Schlegel. O primeiro dizia, por exemplo, que "é porém enquanto fragmento que tudo o que ainda não alcançou sua perfeição é mais suportável", enquanto o segundo observava que "muitas das obras dos antigos se tornaram fragmentos. Muitas das obras modernas já foram escritas como fragmentos". (Cf. Lobo, Luiza: 1987, p. 6-14). O fragmento romântico, muitas vezes irreverente e/ou irônico, prepara o advento da alegoria moderna por oposição ao filosófica e literariamente estabelecido. Como, aliás, o próprio Sousândrade realizaria, mais tarde, de forma bastante acentuada, nos episódios de "Tatuturema" e em "O inferno de Wall Street".

SAUDADES DO PORVIR[123]

(Sobre as ribanceiras de Alcântara)

Eu vou co'a noite
Pálida e fria
Na penedia
Me debruçar:
O promontório
De negro dorso,
Qual nau de corso
Se alonga ao mar.

Dormem as horas,
A flor somente
Respira e sente
Na solidão;
A flor das rochas,
Franzina e leve,
Ao sopro breve
Da viração.

---

[123] Como todo bom poeta romântico, Sousândrade, depois de cantar o seu passado (a infância), em contato com a natureza, projeta agora a sua imaginação para o futuro (a morte da irmã), não deixando de expressar, no poema acima, o indefectível sentimento de perda, representado aqui pela palavra "saudades". Na estrofe final, o movimento do mar simboliza o próprio movimento do tempo.

Cantando o nauta
Desdobra as velas
Argênteas, belas
Asas do mar;
Branqueia a proa,
Partindo as vagas,
Que noutras plagas
Se vão quebrar.

Eu ponho os olhos
No firmamento:
Que isolamento,
Oh, minha irmã!
Apenas o astro
Que luz duvida,
Promete a vida
Para amanhã.

Naquela nuvem
Te vejo morta:
Meu peito corta
Cruel sentir!
Da lua o túmulo
Na onda ondula,
E o mar modula
Como um porvir...

HARPA DE OURO
(1969)[124]

---

[124] Trata-se de um só poema, escrito em 1900, consagrado à jovem república brasileira, constituído de 285 sextilhas (rimas *ababab*) em versos octossilábicos, à exceção de 12 estrofes, que vão da 244 à 255, as quais apresentam versos de redondilho maior e trissílabos. Na cópia manuscrita do poema, aparecem, ao lado do título, escrito na letra miúda do poeta, à guisa de epígrafe, duas expressões em latim (*Res non verba*: "Fatos não palavras" e *Cultoris veritatis*: "o homem sincero, verdadeiro") e uma em português: "República é menina bonita/ diamante incorruptível".

HARPA DE OURO
(1965)

HARPA DE OURO

(fragmentos)

....

Mundo-novo, riso-açucenas,[125]
(Ó riso-céus!) vejo-te na luz
Musa armada, Minerva-Atenas,[126]
Força e firmamentos azuis
Qual brilha por noites serenas
Pentastral símbolo da Cruz.[127]

---

[125] No original manuscrito está: "Mundo-novo riso açucenas". Como o manuscrito não foi feito pelo autor, supomos que aqui teria ocorrido um duplo lapso do copista: a ausência da vírgula para separar a primeira expressão da outra, e a do hífen entre os dois últimos substantivos, que criaria, neste caso, uma palavra compósita tão a gosto do poeta. Também nos parece ter faltado o acento agudo na expressão "Ó", do verso seguinte, o que justificaria o ponto de exclamação. Acrescentamos por nossa conta esses sinais, para tornar mais claro o texto para o leitor.

[126] Novamente, a presença dos deuses greco-latinos: Minerva, deusa romana dos trabalhos manuais ou da guerra; e Atenas ou Palas Atena, deusa grega da inteligência e das artes. Posteriormente as duas passaram a ser uma só: Atena Prômacos. Ou simplesmente Minerva-Atenas, como quer o poeta.

[127] Pentastral: símbolo com o desenho de cinco estrelas ou astros.

Helvécia áurea, tiras-me o sono[128]
Sigo – ao gênio pátrio o amor,
Frutidores dias de outono,
Melhor do que os tempos da flor:
Liras perdidas do abandono,[129]
Harpa há virgem-oiro o cantor.

Subir montes! voar! voar! asas
Do ar! das nuvens! do áureo tufão!
Arde o peito rúbidas brasas
A quem vai da glória à soidão:
Águia, que ao sol ressoando passas,
Leva-me à nova habitação!

Florido carro desce e rindo
Dália branca: "aos astros subir!"
Ave de Jove, ao novo Pindo[130]
Adeja e descobre o porvir!
Sinto o coração livre-abrindo:
Corcel do ar- livre, aos céus! ferir!

Voa! voa! da grande lira
Como o "si" vibrado estalou –
Mais veloz! hei fome! e delira
Hagios artos... Deus consagrou –[131]

---

[128] Helvécia: Referência à Suíça, ou ao povo gálio que habitava a região.
[129] Curioso observar que o poeta, nos dois últimos versos, cifra duas obras que lhe ficariam póstumas: *Liras perdidas* e *Harpa de oiro*.
[130] Jove equivale a Júpiter; significa também "o céu brilhante". Pindo: referência à cordilheira do norte da Grécia entre o Mar Jônico e o mar Egeu, considerada a morada de Apolo e das musas.
[131] *Hagios artos*: pão sagrado; hóstia consagrada.

Eia! Eia! Eia! O peito respira,
Ó águia celeste!...
                    Chegou.
            [...]
Na luz t'embalavas. "É esta?"
Na alma inquiro; e ouço do ar: "sim!"
Quem responderia? Em tua festa
Não foste, ao brinquedo da sesta
Das sombras, olhando para mim
No teu remoto alto fortim.

E eu a buscar-te!... Liberdade
É cada peito, ao que há de Deus,
Toda responsabilidade
De glória e amar. São, em verdade,
O Império a arder, os olhos teus –
Que obedeçam eles aos meus!

Já gritos de sétima corda
Nas grandes alturas ouvi
Qual sonora rede nas bordas
Do abismo: talvez que de ti
Vibrada hora d'alma que acorda –
Oh, fui eu, só eu que o não cri,

Indo ainda dos povos à orgia,
Dos cisnes que alvejam! Transpus
De novo as montanhas que eu via
Sempre ao imaginar; e ao que induz
Voltei, aonde a vida existia,
Aos teus puros céus. Meiga luz

De Colombo, pomba dos mares
Em correio, atrevido açor
Das ciências, que não dos azares
Do desconhecido, ao amor
Tal vim pressentindo pomares
Que, existentes, 'speram cultor.[132]

Cheguei à dada hora candente –
Quem não chega em fé? qual também
À dada hora estavas contente
Como perguntando "quem vem?"
Prontinha e com faces rubentes
Da que espera incógnito alguém.

Que estação divina-celeste!
Ver-te, aumentam olhos do Deus
Da humanidade sem a peste
Com que desbarata os ateus
Que vivem-lhe ao seio e Ele os veste...
– Quanto Ele luz nos risos teus!

[...]

Salvam manhãs: 'squadra platina[133]
Em Guanabara. À áurea nação
Dos bons ares, vamos – divinas

---

[132] Exemplo de aférese (supressão da sílaba inicial do vocábulo) para manter, no caso, a medida octossilábica.
[133] Idem.

Pampas! Saúdam teu coração,
Que mesmo a esta hora abre a menina[134]
O consagrando a amor. Então,

Que encantada a vejam, o expande;
Manda a amor que embale-a; após
Olhos arregalando grandes
Como quem diz: olham pra nós –
Onze anos tu; eu como os Andes
E o fim do mundo. Jericós

Rosas reverdejam; e helianto
No sol mirar-se é a feliz
Doce união, da calda-encanto
Co'o generoso *vin-vieux*. Ris?[135]
(Ó riso-céus!) pelo teu pranto
Dei toda sorte minha. Eu quis

Ser teu *Great-Dog*; e tu meu Sírio![136]
Oh, borboleta-girassol!
Gênio-amor! Oh, luz-delírio!
Oh, tanta luz! tanto arrebol
(Ó riso-céus!) e o lume e o lírio
De teus cabelos de crisol!

---

[134] Referência à República brasileira. Na estrofe seguinte, diz que ela tem 11 anos. De fato, ao terminar o poema, a "menina República" contava com essa idade.
[135] *Vin-vieux*: vinho velho e bom.
[136] Referência às constelações Grão-Cão e Sírio.

Acompanho-te solitário
E sem ser visto, a ser o juiz
Do teu bom caráter, sacrário
Que estudo (mamã creu e diz):
Lady-like; e do relicário[137]
Do sentimento, um Deus feliz.

Ora, sempre-sempre invisível,
Antes de voltares, voltei:
Sob a lustrosa árvor' sensível[138]
Na qual o nome teu gravei,
E mudo e trágico e terrível
E te esperando ali fiquei.

A última rosa desfolhava
Do ar sobre mim; e eu via então
No tronco o nome iluminava
E a imagem tua era a visão;
No anagrama *Dog, God* estava
Do amor em que há nenhum *senão*.

Caiu borrasca; e eu firme. Quando
Chegaste, à noite e que eu te ouvi,
Tua voz cantava e transformando
(Todos olhando) os céus de ti
Luz doce-elétrica irradiando
E que ao mundo negas *for me*.[139]

---

[137] A menina República teria, bem entendido, as boas maneiras de uma senhora civilizada (*lady-like*).

[138] Agora o poeta nos dá exemplo de apócope (supressão da sílaba final do vocábulo): *árvor'* por árvore.

[139] *For me*: outro exemplo de rima esdrúxula. Desde os anos de Nova York, o poeta passa a praticar com desenvoltura tal recurso.

[...]

Águia sublime ao Corcovado
Nuvens de em volta sobe além:
Da natureza o imenso quadro
Vê como ondula, amplo vaivém
Da luz, ao mar. Sinto levado
O coração no aéreo trem.

Qual um revólver fumegante[140]
O Pão de Açúcar, ao fulgor
Da calma há raios, em diamante
Esfulge, *Truth*! À luz do amor[141]
Vinda ela, desenha, ermo Atlante,
Céus, nuvens, rochedos-negror:

E a tela oceânea azul-sedosa
E esta montanha a refletir
A luz do ar puro e a luz das rosas
E a luz da tua alma e do teu rir
Qual novos mundos, és gloriosa
O Amor, a Calma, o Deus porvir!
....

– *Rigoletto?*... oh, libertinagens!...[142]
Ouço, homem vão, *femme varie*...[143]
Pérfidos sons, oásis-miragens,
Trêfegos voejos-colibris:
Do lumefátuo apago imagens;
Do amor sagrado amo-a e vivi.

---

[140] Notar a modernidade da imagem (símile).
[141] *Truth*: verdadeiro.
[142] *Rigoletto*: alusão à ópera de Verdi.
[143] *Femme varie*: mulher inconstante, volúvel.

Oh viverei eternamente!
Aos livres força e luz eu dou;
Se um muro existe que somente
Separa... nunca separou
Quando, a fusão d'almas candentes
Os peitos, Deus-Uno julgou.

[...]

E eis minha casa, miniatura[144]
Da República: o pão... me dar
Pedras a Vitória, e doçura...
Nessun maggior dolore, a olhar[145]
Sorrindo à esp'rança, que ventura
Que docemente há de chegar!

[...]

---

[144] Segundo Moraes & Williams (op. cit., p. 424), nesta estrofe Sousândrade "sentia-se como um verdadeiro patriarca da República na terra natal". Os versos são claramente autobiográficos. De fato, o autor, como já mencionamos na Introdução, costumava dizer, ao lhe perguntarem como estava indo, que estava bem, "comendo pedras"... Referia-se à venda das pedras do muro da Quinta Vitória para comer.

[145] Referência aos versos do poeta italiano Dante Alighieri (1265-1321): "*Nessun maggior dolore/ che ricordasi del tempo felice/ nella miséria.*" ("Não há dor maior que se recordar do tempo feliz na desgraça."), palavras ditas pela personagem Francisca de Rímini (*Divina comédia*, Inferno, V, p. 121-3).

Oh! noite gloriosa! oh, fulgores
Da Ilha Fiscal! Quando da mão[146]
Cai, da Princesa, o leque; e a amores
Libertas hasteia o pendão,[147]
Menina bonita das dores,[148]
Incorruptível diamante! a hão

Truth e o do mar, 'velho verídico',
Passado – Presente – Porvir,
Aí vendo o tesouro brasílico
À colonial lagarta, – o aurir
Do Império crisális, – e o idílico
Borboletear do teu rir,

Ó Liberdade, flor senhorita
Qual Santa Teresa, a união
Da luz e do amor, a bendita
Crucis – pentastral pavilhão
Que há sangue e o rubor nobilita
A arder neopátrio coração.

---

[146] Referência ao último baile promovido pelo Imperador D. Pedro II, na Ilha Fiscal, no Rio de Janeiro.

[147] Referência ao lema dos inconfidentes mineiros: *Libertas quae sera tamen* (Liberdade ainda que tardia).

[148] Sousândrade retirou desses versos uma das epígrafes do poema ("República é menina bonita [...], diamante incorruptível").

NOVO ÉDEN
(1893)[149]

---

[149] Último livro-poema publicado pelo autor, inspirado na República recém-proclamada. Está dividido em sete seções ou cantos, correspondendo aos sete dias da criação do mundo por Deus, em um total de 3.508 versos alternativamente de 12 e de 10 sílabas, com algumas poucas exceções: 7 versos tetrassílabos, 4 pentassílabos, 42 hexassílabos e 52 em redondilho maior, com rimas emparelhadas, alternadas ou interpoladas. Como se propõe a recontar a formação do mundo até chegar à instauração da República entre nós, o poeta se vale de uma cerrada linguagem alegórico-visionária, quando não místico-religiosa, baseada em mitos bíblicos, gregos, pérsicos e pessoais, em muitos trechos de difícil elucidação. Escolhemos aqui fragmentos do Primeiro e Sétimo dias.

DO PRIMEIRO DIA

[...]
Faz-se novo Éden. Sons de anfiônea lira:[150]
O horizonte dourara; e o que do umbror saíra,
Às calmas da Tessália estando a descansar
E à coroa dos lauréis sempre o maior cuidado,
Níobe do rochedo a houvesse amarrotado[151]
Genésio idílio viu de ciência: o doce altar
De uma dourada estrela, um lírio-luz, tão puro,
E livre e ciente e doce, e na metamorfose,
Os céus do astro polar! Canta, canta o futuro,[152]

---

[150] Referência ao mito grego de Anfíon, filho de Zeus e Antíope. Consta que, ao som da sua lira, as pedras se moviam e ocupavam os seus lugares na muralha em construção em torno de Tebas.
[151] Níobe: esposa de Anfíon. Depois da morte de seus 14 filhos e o esposo, os deuses a transformam em uma pedra, que continua a chorar. Estaria em Sípilo o rochedo que outrora foi Níobe, onde corre uma fonte. Síncope não assinalada: "c'roa".
[152] Interessante notar que, a partir desse verso e dos dez seguintes, Sousândrade antecipa o espírito do Futurismo, cujo primeiro manifesto, assinado por Marinetti, só iria aparecer em 1909. Como se sabe, o italiano celebra a velocidade, a máquina e as transformações e invenções tecnológicas decorrentes da segunda revolução industrial, no início do século XX. Fernando Pessoa/Álvaro de Campos assinaria a "Ode triunfal", datada de junho de 1914, em que canta "os ruídos modernos", "o presente [porque] é todo o passado e todo o futuro/ E há Platão e Virgílio dentro das máquinas e das luzes elétricas". Versos que se aproximam "dos relâmpagos-luz, bela eletricidade,/ pestanejar de Jove, em fixa claridade" do maranhense...

Oh, silenciosa Musa!
                    E rindo áureo o cantar:
Formas, século-vinte, além do dezenove
Dos telefônios sons em que Edison nos ouve!
Dos relâmpagos-luz, bela eletricidade,
Pestanejar de Jove, em fixa claridade!
Do animal-magnetismo e o Deus-vivo ocultismo!
Do telescópio, olhar pra os céus com Flammarion
E os admirar com Kant qual à moral, e vezes
Chorá-los mortalmente – ai Vésper de Faon!
Do esbraseiamento Eiffel, torre-hinos marselheses!
Do sino de São-Paulo, orgulho dos Ingleses,
Liberty-Bell rachado ao "incêndio" de Albion!
Qual Brasil ao Cruzeiro, adissechens[153] serpentes
Contra Libertas, Deus! E o eterno Tiradentes
Que a noite secular desperta co'o meteoro,
Do exército senhor, que envia em bem, Deodoro
O grande braço, unido à sublimada fronte
De Benjamin, (o ideal da América ao horizonte),
De paz guerreiro maior que o márcio Napoleon,
Que onde há revoluções [h]á flores, liberdade
Proclama à luz social, inverso da vaidade
Que em livre principiando, acaba em Waterloo!
Oh! da humana erupção riram, a Tempestade,
Orco-Vesúvio, o Etna, e só não riu-se Jó
Cidadão vitorioso! E ao fruto da República,
A virgem que há cem anos 'spera-o dentre arcanos,
E em glória o Novembral, o seu novo Éden fez:[154]
Prometida Canaã – da nova pátria a rúbrica
Assina e entra, na fé, qual não entrou Moisés:

---

[153] Não conseguimos determinar o sentido dessa palavra.
[154] Referência ao 15 de novembro de 1889.

Supremos campos de ouro, Íris formosa e pudica
E os céus perúleo-azuis: manhãs.
                                    – Era uma vez...
(Dá lua-nova abraço ao rubro sol-ocaso;
Contempla a terra ao quadro, o amor que está no
                                                espaço,
A glória do ocidente, o leito azul desta hora
Daquele arco de luz, que faz encantadora
Dourada paz e quer: Lúcifer a adorar
A Deus, nos de açucena e de safira e rosa
Sagrados novos céus)...
                              – Estava Helê ditosa[155]
(Fósforo áureo que brilha ao límpido riscar
E da família alegra o coração, da casa
Acende e é a existência dessa primeira brasa
Que às alvas mesas manda a refeição do lar):

    Radiosos carros – quão ruidoso o alpendre!
    Cavalos negros, em fogueira os olhos;
    Ao em torno o clarão, nos céus noturnos,
    Alcachofradas de ouro, regolfando
    Rolando ao largo da mansão longeva
    Eufrátea de Ara; e os roserais errantes:[156]
    Qual Great-Eastern a proa para a Austrália,
    Vapor a trovejar, radia as rodas,
    Parado monumento, em meio oceano
    Leviatã colossal, o cabo elétrico[157]

---

[155] Helê ou Heleura seria, segundo o autor, "a musa [...] da nova República".
[156] Ara: rei de Ur, antiga cidade persa às margens do rio Eufrates; no poema, é o pai de Heleura.
[157] Neste verso, o autor junta a imagem de um mito bíblico (Leviatã: animal aquático de grande porte) a um produto típico da modernidade do século XX: o cabo elétrico.

Soltando, vanzeiando, e os passageiros
Às bordas acorrendo, tal o povo,
Dos noivos ledo vendo a entrada. Em tanto,
Noite, à roda auroral inteira noite[158]
Os compassados instrumentos puros
Nos reluzentes cristalinos tetos,
Sonoras vibrações longas reboavam.

Era um costume, a noite dos fulgores,
Do *rendez-vous* dos sonhos, todos vindo
Realidades trazer aos que os sonharam:
Gênios ridentes, do ar, do íris das flores,
Das sombras misteriosas, dos carinhos
Luzes divinas, formas encantadas
Que estão dos deuses criadores n'alma
Splendindo, até que à aurora abrissem coroas
Dos róseos esponsais, miragens do Éden:
Como era bela a noite dos fulgores!

---

[158] No original está "voda", provável erro de revisão.

DO SÉTIMO DIA

[...]

Aos que perguntarem, se Heleura é verídica:
Dizei, que é a efígie sagrada, a tão pudica
Aurora que raia, a intrépida, a lírica;
A musa, dizei-lhes, da nova República.

Dizei-lhes: é o gládio voltado pra terra,
E a lança co'o frígio boné para os céus,[159]
E o braço de Témis – tais armas de guerra[160]
Que sós resistiram das pátrias aos réus.

Heleura é a musa sempre-áurea juvente
Que ao peito convida dos céus à soidão
Donde ama-se ao mundo, donde é-se contente,
Sem nada haver dele... salvo um coração!

---

[159] Frígio boné: referência ao barrete vermelho que usavam os habitantes da Frígia, no Oriente Médio, e que se tornou o símbolo da Liberdade e da República (a primeira), na França.
[160] Témis: Deusa que inventou os oráculos, os ritos e as leis. É representada com uma venda nos olhos e uma balança na mão, para simbolizar a justiça, a isenção nos julgamentos.

Cibele coroada de torres – celeste;[161]
Terrestre: a que eleva-se à pátria ideal;
E a que de açucenas e risos se veste
E edênio a Tirídato encanta o casal.[162]

Polaris os olhos das fixas estrelas,[163]
Sinais sempre ardentes dos rubos em flor,[164]
Que ao mundo conflagram de eternas centelhas
Que são de amarantos dourados, de amor.

E eu que ao *Livro que voa* asas dei do cometa,[165]
Do sidéreo universo ígneo-espectral profeta:
O livro que não voa, asas a lhe quebrar,
Abro – a virtude o leia, encantador o lar.

....

Ergueu-se à Liberdade o trono da Verdade.
Da justiça dos céus fora a conquista-Deus.
Duas vezes liberto o armênio povo faz
De guerra o marche-marche em campo aberto à paz.

---

[161] Cibele: Deusa da Frígia que personifica as forças da Natureza; mãe dos deuses.
[162] Tirídato: rei que tornou independente a Armênia da Pérsia, por volta de 261, e que se tornaria cristão juntamente com seu povo.
[163] Polaris: estrela polar, a mais brilhante da constelação de Ursa Menor.
[164] Rubo: planta rosácea.
[165] Alusão ao poema "Dedicatória", de Castro Alves, que abre *Espumas flutuantes* (1870). Nele, o poeta desenvolve a imagem de que seu livro é como uma pomba que voa sobre a imensidão do mar: "Assim, meu pobre livro as asas larga/neste oceano sem fim, sombrio, eterno... [...]/ Vai, pois, meu livro! E como louro agreste,/ Traz-me no bico um ramo... de cipreste!"

E aclarada a consciência dos casuístas,
Estrondos ressoavam das revistas,
Do Arsácida à ascensão. Glória formou clarão.[166]
Revolução feliz, qual a dos astros,
Flores, bênçãos: escravos e senhores,
Em justiça e amor se separando;
Todos, da Liberdade à boa vinda,

Sublimes se dizendo o adeus. A terra
Estremecia ao ver chegadas glórias
Das eras, que se creu não chegariam.

Vede o formoso incêndio! o resplendor ideal
Da Liberdade, aos céus raiando o Novembral!

*

Da noite de fulgor e a bela hora de sestas,
Céus refletente luz, o azul pranteando, festas,
É feito o do descanso, o do Senhor, o dia
Sétimo, o em que termina; e do homem principia

---

[166] Arsácida: conhecida na Antiguidade também por Pártia ou Império Arsácida. Foi o mais duradouro dos impérios do antigo Oriente Médio e arquiinimigo do Império Romano. Dominou o planalto iraniano a partir do século III a.c. e controlou a Mesopotâmia entre c. 190 a.C. e 224 d.C.

O trabalho; e antevê necessidade às obras
Humanas, ao horizonte as defensoras cobras.
– Jano fechando em paz gloriosos templos seus:[167]
Tirídato houve a Heleura, o novo Éden de Deus.

---

[167] Jano; um dos principais deuses romanos. Segundo Ovídio, Jano era o guardião do universo, encarregado de abrir e fechar todas as coisas, olhando da porta para dentro e para fora. Suas funções ampliaram-se para transformá-lo em deus dos inícios: por exemplo, o primeiro mês do ano, janeiro. Seu templo no Fórum romano costumava abrir as portas em tempo de guerra e fechá-las em tempo de paz. Representa-se Jano como bifronte: olhando simultaneamente para frente e para trás.

RELATO BIOGRÁFICO

(SOUSÂNDRADE, zeloso da sua harpa selvagem, consultando as sibilas de SÃO-PAULO, escreve *personals* à *Folha* e desce com O GUESA a Pirapitingui; no *hall* da GLOBAL EDITORA uma voz em *off* relata as suas andanças e feitos:)

– Joaquim de Sousa Andrade (literariamente Sousândrade) nasce na fazenda Nossa Senhora da Vitória, próxima do rio Pericumã, na vila de Guimarães, comarca de Alcântara, Estado do Maranhão, a 9 de julho de 1832.

De pais abastados, passa parte da infância na fazenda da família e parte no sobrado de azulejos, na área nobre de Alcântara, onde aprende as primeiras letras. Mas cedo fica órfão de pai e mãe. Tutores e magistrados, que ele veria, mais tarde, no poema *O Guesa*, como "serpentes nas salas passeando", agindo de má-fé, desbaratam a fortuna da família. Prossegue, porém, seus estudos, tendo cursado Humanidades no Liceu Maranhense, em São Luís.

Em janeiro de 1853 (portanto, com 21 anos incompletos), parte para o Rio de Janeiro, dando início a uma série de viagens que marcará toda a sua vida. Pede a D. Pedro II apoio – que teria sido negado, origem provável do seu antimonarquismo – a fim de estudar na Europa. Por conta própria, segue então para Paris, em 1854, onde estuda Letras e/ou Engenharia de Minas, na Sorbonne, sem concluir o(s) curso(s). Nesse período, visita Londres. Por ter atacado a rainha Vitória em um artigo na imprensa, é convidado a sair do país. Retorna ao Maranhão em 1856. No ano seguinte, encontra-se no Rio de Janeiro para lançar seu primeiro livro, *Harpas selvagens*. Segundo alguns, teria vindo também estudar Medicina na Corte, mas não há registro desse fato.

Do Rio, vai para o Amazonas, em 1858; ali pesquisa sobre o culto indígena de Jurupari, que aparece no Canto II do poema *O Guesa*. O Canto III, por sua vez, narra a descida do personagem do Amazonas ao Atlântico.

De 1861 a 1871, permanece em São Luís. Casa-se com D. Mariana de Almeida e Silva, herdeira de um rico fazendeiro da região. Do matrimônio, nasce a única filha, Maria Bárbara. A família passa a residir em uma mansão senhorial, denominada *Quinta Vitória*, em memória da antiga propriedade dos pais do escritor. Durante esse tempo, desenvolve intensa atividade literária na capital: escreve poemas, colabora no romance coletivo *A casca da caneleira* e participa do jornal *Semanário Maranhense*.

Porém, o desejo de viajar o leva desta vez para os Estados Unidos. Com o pretexto de acompanhar a filha para estudar em Nova York, apanha um navio em Belém do Pará; chegam os dois àquela cidade, em maio de 1871. Passam a residir em Manhattanville, cerca de 7 milhas do centro de Nova York e do Instituto do Sagrado Coração, onde Maria Bárbara se matricula.

Três anos mais tarde, lança o primeiro volume das *Obras poéticas* (Cantos I a IV de *O Guesa errante*, mais 48 poesias de *Eólias* e 45 de *Harpas selvagens*); um segundo volume, em 1876, de *O Guesa errante*, com os Cantos V a VII e um terceiro, em 1877, com o Canto VIII (que se torna o X, na edição definitiva). Colabora ativamente no periódico em língua portuguesa *O Novo Mundo*, de cuja sociedade mantenedora chega a ser secretário e vice-presidente.

Em 1885, decide voltar ao Brasil, contornando a América do Sul pelo Pacífico. As impressões que lhe causam a Colômbia, o Equador, o Peru, o Chile, a Argentina e o Uruguai, em particular, e a América Latina como um todo se encontram registradas nos Cantos XI e XII do poema (Cf. Moraes, 1979, XII).

No dia 19 de abril de 1888, é feito o depósito legal da edição definitiva de *O Guesa*, em Londres, editado por Cooke & Halsted. Embora não traga referência ao ano de publicação, o livro provavelmente foi impresso e lançado próximo dessa data, como assegura um alto funcionário do Departamento de Livros Impressos do Museu, em carta ao professor e pesquisador norte-americano Frederick Williams (2003, p. 201).

A professora Luiza Lobo (2005, p. 68), contudo, localizou uma *errata* do livro, datada do dia 14 de junho de 1887, e enviada pelo próprio poeta à Biblioteca Astor (hoje, Biblioteca Pública de Nova York), a fim de ser anexada ao volume de *O Guesa*, o que comprovaria o fato de que o livro já se encontrava impresso bem antes do depósito legal, em 1888. Entretanto, ao lado dos irmãos Campos e de "fontes" da tradição (não cita quais), defende o ano de 1884 como o da edição londrina da obra, adicionando o fato de que o último Canto traz essa data, embora admita que "as datas que precedem cada canto de *O Guesa* não correspondem ao ano em que cada um dos cantos foi escrito, mas sim ao momento em que Sousândrade viveu aqueles eventos narrados" (op. cit., p. 70).

Ora, se o escritor retorna de Nova York em 1885, passa por vários países da América Latina via Oceano Pacífico, e incorpora as observações ali realizadas, nos Cantos XI e XII, é evidente que só poderia ter publicado a edição definitiva depois dessa viagem. Verificados os erros de composição, é de se imaginar que o autor, ao elaborar a *errata*, pensou em agregá-la o mais rapidamente possível ao volume enviado à Biblioteca Astor, para que os primeiros leitores pudessem ter as informações corretas, em substituição aos erros e/ou omissões cometidos na impressão do livro. Assim sendo, cremos que a publicação de *O Guesa* teria ocorrido depois de 1885 e antes de 1888: provavelmente no mesmo ano da *errata* (1887), não muito distante, portanto, do depósito legal do livro, em Londres, como observou o funcionário do Museu Britânico ao professor Williams.

O fato de ter morado no centro do capitalismo americano e de realizar a viagem de volta pelos países latino-americanos da costa do Pacífico, para melhor observá-los, revela o tamanho da ambição do seu projeto poético. Sousândrade, sob a máscara errante do Guesa – espécie de Ulisses do Novo Mundo –, completa o périplo geográfico, existencial e literário ao retornar à ilha de São Luís (ou mais especificamente à Quinta Vitória, como está no Canto Epílogo), tornando-se assim o primeiro poeta a cantar as três Américas em um só poema.[168] Até a sua morte, dali só sairia uma única vez, em 1896, para o Rio de Janeiro, aproveitando a reforma da sede do Liceu Maranhense, onde ensinava significativamente a língua grega. Antimonarquista e abolicionista convicto, proclamada a República, dedica-se à vida política. Torna-se presidente da comissão que elabora uma nova constituição para o Maranhão; idealiza a sua bandeira; integra a comissão de alistamento eleitoral; organiza um grupo que discute a fundação de uma universidade popular, chamada Atlântida e depois Nova Atenas (que não saiu do papel); por fim, transforma-se no primeiro prefeito republicano de São Luís, exercendo o cargo de 23 de janeiro de 1889 a 14 de agosto de 1890, e provavelmente no primeiro poeta republicano de largo fôlego, ao publicar o pedregoso poema dedicado à nova causa política, *Novo Éden*.

No plano da vida pessoal, entretanto, se vê abandonado, em fins de 1899, pela mulher e a filha, que se mudam para Santos, Estado de São Paulo. Sobrevivendo apenas com o salário de professor e sozinho no casarão, passa a vender as pedras da murada da propriedade. Quando lhe perguntam como está indo, res-

---

[168] Projeto semelhante só seria intentado com êxito por Pablo Neruda, no seu *Canto General*, em 1950. Vale lembrar, no entanto, que, antes dele, Ruben Darío, o poeta de Nicarágua, buscou essa dimensão panamericana em *Canto a la Argentina* (1914). No âmbito do nosso modernismo literário, vale registrar a tentativa de Ronald de Carvalho, em *Toda a América* (1926). Mais recentemente, Affonso Romano de Sant'Anna, com *A grande fala do índio guarani perdido na história e outras derrotas* (1978), e Marcus Accioly, com *Latinoamérica* (2001), retomam e ampliam a épica continental.

ponde invariavelmente que vai bem, "comendo pedras, meu Senhor; comendo pedras..."
 Seu tipo físico, atitudes e vestes chamam a atenção dos habitantes da pequena e pacata São Luís. Era um "velho alto, carão moreno e rigorosamente escanhoado; colarinho entalando o pescoço, cabeleira grisalha caindo, fofa, para os ombros, cobrindo a orelha e, sobre essa cabeleira, que dava a impressão de achar-se empoada, uma cartola, cuidadosamente posta e mantida em rigoroso equilíbrio. Calça de casimira escura, e de lista, descia-lhe até os joelhos uma sobrecasaca abotoada e trespassante", como o descreveu Humberto de Campos (1945, p. 14-5), ao conhecê-lo, em 1901. Provavelmente pelo seu visual excêntrico – "tipo de poeta ou de político norte-americano da primeira metade do século XIX" –, os moleques com frequência o importunavam pelas ruas da cidade.
 Foi encontrado agonizante no casarão da Quinta Vitória pelos seus alunos, a 21 de abril de 1902. Transportado para o Hospital Português, falece no mesmo dia.
 Ressuscitou como mito, na literatura brasileira, a partir de 1960. Desde então, continua a sua peregrinação rumo ao sol dos trópicos e da poesia.

BIBLIOGRAFIA

I – Obras do Autor

Eólias. Inserta no volume *Impressos* sob o título de *Poesias diversas*. 2ª ed. São Luís: B. de Matos, 1868. In: *Obras poéticas*. Nova York: [s.ed.], 1874.

Harpa de ouro (ed. póstuma). 2ª ed. MORAES, Jomar. (Org.). São Luís: Fundação Universidade do Maranhão, 1969. In: WILLIAMS, Frederic G.; MORAES, Jomar (Org.). *Sousândrade*: inéditos. 3ª ed. São Luís: Sioge, 1970 (com reprodução fac-similar dos originais). In: _____. *Poesia e prosa reunidas de Sousândrade*. São Luís: Edições AML, 2003.

Harpas selvagens. 2ª ed. Rio de Janeiro: Tip. Universal de Laemmert, 1857. In: *Obras poéticas*. Nova York: [s.ed.], 1874.

Liras perdidas (ed. póstuma). In: WILLIAMS, Frederick G.; MORAES, Jomar (Org.). 2ª ed. São Luís: Sioge, 1970. In: _____. *Poesia e prosa reunidas de Sousândrade*. São Luís: Edições AML, 2003.

Novo Éden. 2ª ed. São Luís: Tip. a vapor de João d'Aguiar Almeida e Cia., 1893. In: WILLIAMS, Frederick G.; MORAES, Jomar (Org.). *Poesia e prosa reunidas de Sousândrade*. São Luís: Edições Academia Maranhense de Letras, 2003.

O Guesa (ed. definitiva). Londres: Cooke & Halsed, The Moorfields Press, [s.d.]. (1887?).

II – Antologias e reuniões

SOUSÂNDRADE. *Poesia de*. Prefácio, seleção de poemas e notas de CAMPOS, Augusto de; CAMPOS, Haroldo de. Rio de Janeiro: Agir, 1966. (Nossos Clássicos, 85).

_____. *Poesia e prosa reunidas de*. WILLIAMS, Frederick G; MORAES, Jomar (Org.). São Luís: AML, 2003.

_____. *ReVisão de*. 3ª ed. Textos críticos, antologia, glossário e biobibliografia de CAMPOS, Augusto de; CAMPOS, Haroldo de. São Paulo: Perspectiva, 2003.

III – Obras e ensaios consultadas sobre o autor

AMÂNCIO, Moacir. "Sousândrade, um poeta eternamente póstumo." *O Estado de S. Paulo*, São Paulo: Cultura, Caderno 2, 29 ago. 2004.

BOSI, Alfredo. *História concisa da literatura brasileira*. 32ª ed. São Paulo: Cultrix, 1994.

BRANCO, Camilo Castelo. *Cancioneiro alegre*. v. 1. Porto: Chardron, 1925.

CAMPOS, Augusto de; CAMPOS, Haroldo de. *Poesia de Sousândrade*. Rio de Janeiro: Agir, 1966. (Nossos Clássicos, 85).

_____. *ReVisão de Sousândrade*. 3ª ed. São Paulo: Perspectiva, 2003.

CAMPOS, Humberto de. *Memórias inacabadas*. 2ª ed. Rio de Janeiro: Jackson, 1945.

CISNEROS, Odile. "Entre o novo mundo e o inferno: Sousândrade em Nova York." *Revista Sibila*. São Paulo: Ateliê Editorial, n. 1, out. 2001.

CUNHA, Fausto. "Castro Alves." [Outros poetas. Sousândrade]. In: COUTINHO, Afrânio. *A literatura no Brasil*. 2ª ed. v. 3. Rio de Janeiro: José Olympio/EDUFF, 1986.

ESPÍNOLA, Adriano. "Sousândrade." *Revista Poesia Sempre*. Rio de Janeiro: Fundação Biblioteca Nacional, n. 18, set. 2004.

LIMA, Luiz Costa. "O campo visual de uma experiência antecipadora." In: CAMPOS, Augusto de; CAMPOS, Haroldo de. *ReVisão de Sousândrade*. 2ª ed. São Paulo: Perspectiva. 2002.

LOBO, Luiza. *Épica e modernidade em Sousândrade*. 2ª ed. Rio de Janeiro: 7Letras, 2005.

MARTINS, Wilson. "O fim de um mito." *O Estado de S. Paulo*, São Paulo, 31 out. 1964.

MERQUIOR, José Guilherme. *De Anchieta a Euclides*. 3ª ed. Rio de Janeiro: Topbooks, 1996.

MORAES, Jomar. "Sousândrade, o Guesa." In: SOUSÂNDRADE. *O Guesa*. São Luís: Sioge, 1979.

PERRONE, Charles. *Situating the Americas & Transamerican poetics in Neo-Epics of Brazil*. Department of Romance Languages and Literatures. University of North Carolina, Chapel Hill. 1º dec. 2005.

SECCHIN, Antônio Carlos. "Um mar à margem: o motivo marinho na poesia brasileira do romantismo." *Escritos sobre poesia e alguma ficção*. Rio de Janeiro: Eduerj, 2003.

WILLIAMS, Frederick G. *Sousândrade*: vida e obra. São Luís: Sioge, 1976.

_____; MORAES, Jomar (Org.). *Poesia e prosa reunidas de Sousândrade*. São Luís: AML, 2003.

IV – Outras obras consultadas

AZEVEDO, Sânzio de. *Para uma teoria do verso*. Fortaleza: EUFC, 1997.

BRANDÃO, Junito de Souza. *Mitologia grega*. Petrópolis: Vozes, 1987. 3 v.

COELHO, Teixeira (Org.). *A modernidade de Baudelaire*. Tradução Suely Cassal. São Paulo: Paz e Terra, 1988.

FRIEDRICH, Hugo. *Estrutura da lírica moderna*. São Paulo: Duas Cidades, 1978.

GUIMARÃES, Ruth. *Dicionário da mitologia grega*. São Paulo: Cultrix, 1995.

GUINSBURG, Jacó (Org.). *O romantismo*. 2ª ed. São Paulo: Perspectiva, 1985.

HARVEY, Paul. *Dicionário Oxford de literatura clássica*. Tradução Mário da Gama Kury. Rio de Janeiro: Jorge Zahar Editor, 1998.

LOBO, Luiza. *Teorias poéticas do romantismo*. Porto Alegre: Mercado Aberto, 1987.

TIBIRIÇÁ, Luiz Caldas. *Dicionário Tupi-Português*. 2ª ed. João Pessoa: Traço Editora, 1984.

ÍNDICE

O irisado Sousândrade 7

O GUESA (1887?)

Do canto primeiro 45
Do canto segundo 51
Do canto décimo 63

LIRAS PERDIDAS (1970)

Sopa, assado e sobremesa 87
Alabastro 89
Em meu poder 90
Qui sum 91
Esperando 93
Forget me not 95
Sea-shore breakfast 97

HARPAS SELVAGENS (2ª ed., 1874)

No Maranhão	101
Ao Sol – ΗΜΕΡΑΣ– ΡΟΔΟΝ	103
O inverno	108
Sombras	114
Recordações	119
Fragmentos do mar	125
Eternidade	133
Aninhas	135

EÓLIAS (2ª ed., 1874)

Voar	139
Eu vi a flor do céu	140
As dunas	141
Mademoiselle	144
Dá meia-noite	146
Ai trovador	147
Amo-te	148
Carmen, a colombiana	149
Saudades do porvir	151

HARPA DE OURO (1969)

Harpa de ouro 155

NOVO ÉDEN (1893)

Do primeiro dia 167
Do sétimo dia 171

Relato biográfico 175
Bibliografia 181

COLEÇÃO MELHORES CONTOS

ANÍBAL MACHADO
Seleção e prefácio de Antonio Dimas

LYGIA FAGUNDES TELLES
Seleção e prefácio de Eduardo Portella

BRENO ACCIOLY
Seleção e prefácio de Ricardo Ramos

MARQUES REBELO
Seleção e prefácio de Ary Quintella

MOACYR SCLIAR
Seleção e prefácio de Regina Zilbermann

MACHADO DE ASSIS
Seleção e prefácio de Domício Proença Filho

HERBERTO SALES
Seleção e prefácio de Judith Grossmann

RUBEM BRAGA
Seleção e prefácio de Davi Arrigucci Jr.

LIMA BARRETO
Seleção e prefácio de Francisco de Assis Barbosa

JOÃO ANTÔNIO
Seleção e prefácio de Antônio Hohlfeldt

EÇA DE QUEIRÓS
Seleção e prefácio de Herberto Sales

MÁRIO DE ANDRADE
Seleção e prefácio de Telê Ancona Lopez

LUIZ VILELA
Seleção e prefácio de Wilson Martins

J. J. VEIGA
Seleção e prefácio de J. Aderaldo Castello

JOÃO DO RIO
Seleção e prefácio de Helena Parente Cunha

IGNÁCIO DE LOYOLA BRANDÃO
Seleção e prefácio de Deonísio da Silva

LÊDO IVO
Seleção e prefácio de Afrânio Coutinho

RICARDO RAMOS
Seleção e prefácio de Bella Jozef

MARCOS REY
Seleção e prefácio de Fábio Lucas

SIMÕES LOPES NETO
Seleção e prefácio de Dionísio Toledo

HERMILO BORBA FILHO
Seleção e prefácio de Silvio Roberto de Oliveira

BERNARDO ÉLIS
Seleção e prefácio de Gilberto Mendonça Teles

AUTRAN DOURADO
Seleção e prefácio de João Luiz Lafetá

JOEL SILVEIRA
Seleção e prefácio de Lêdo Ivo

JOÃO ALPHONSUS
Seleção e prefácio de Afonso Henriques Neto

ARTUR AZEVEDO
Seleção e prefácio de Antonio Martins de Araújo

RIBEIRO COUTO
Seleção e prefácio de Alberto Venancio Filho

OSMAN LINS
Seleção e prefácio de Sandra Nitrini

ORÍGENES LESSA
Seleção e prefácio de Glória Pondé

DOMINGOS PELLEGRINI
Seleção e prefácio de Miguel Sanches Neto

CAIO FERNANDO ABREU
Seleção e prefácio de Marcelo Secron Bessa

EDLA VAN STEEN
Seleção e prefácio de Antonio Carlos Secchin

FAUSTO WOLFF
Seleção e prefácio de André Seffrin

AURÉLIO BUARQUE DE HOLANDA
Seleção e prefácio de Luciano Rosa

ALUÍSIO AZEVEDO
Seleção e prefácio de Ubiratan Machado

ARY QUINTELLA*
Seleção e prefácio de Mônica Rector

PRELO*

CTP • Impressão • Acabamento
Com arquivos fornecidos pelo Editor

EDITORA e GRÁFICA
VIDA & CONSCIÊNCIA

R. Agostinho Gomes, 2312 • Ipiranga • SP
Fone/fax: (11) 2061-2739 / 2061-2670
e-mail: grafica@vidaeconsciencia.com.br
site: www.vidaeconsciencia.com.br